COREANO
VOCABULÁRIO

PALAVRAS MAIS ÚTEIS

PORTUGUÊS COREANO

Para alargar o seu léxico e apurar as suas competências linguísticas

5000 palavras

Vocabulário Português-Coreano - 5000 palavras
Por Andrey Taranov

Os vocabulários da T&P Books destinam-se a ajudar a aprender, a memorizar, e a rever palavras estrangeiras. O dicionário é dividido em temas, cobrindo todas as principais esferas de atividades quotidianas, negócios, ciência, cultura, etc.

O processo de aprendizagem, utilizando os dicionários baseados em temáticas da T&P Books dá-lhe as seguintes vantagens:

- Informação de origem corretamente agrupada predetermina o sucesso em fases subsequentes da memorização de palavras
- Disponibilização de palavras derivadas da mesma raiz, o que permite a memorização de unidades de texto (em vez de palavras separadas)
- Pequenas unidades de palavras facilitam o processo de estabelecimento de vínculos associativos necessários para a consolidação do vocabulário
- O nível de conhecimento da língua pode ser estimado pelo número de palavras aprendidas

Copyright © 2018 T&P Books Publishing

Todos os direitos reservados. Nenhuma parte desta publicação pode ser reproduzida, total ou parcialmente, por quaisquer métodos ou processos, sejam eles eletrónicos, mecânicos, de fotocópia ou outros, sem a autorização escrita do editor. Esta publicação não pode ser divulgada, copiada ou distribuída em nenhum formato.

T&P Books Publishing
www.tpbooks.com

ISBN: 978-1-78616-579-4

Este livro também está disponível em formato E-book.
Por favor visite www.tpbooks.com ou as principais livrarias on-line.

VOCABULÁRIO COREANO
palavras mais úteis

Os vocabulários da T&P Books destinam-se a ajudar a aprender, a memorizar, e a rever palavras estrangeiras. O vocabulário contém mais de 5000 palavras de uso comum organizadas tematicamente.

O vocabulário contém as palavras mais comummente usadas
Recomendado como adicional para qualquer curso de línguas
Satisfaz as necessidades dos iniciados e dos alunos avançados de línguas estrangeiras
Conveniente para o uso diário, sessões de revisão e atividades de auto-teste
Permite avaliar o seu vocabulário

Características especias do vocabulário

- As palavras estão organizadas de acordo com o seu significado, e não por ordem alfabética
- As palavras são apresentadas em três colunas para facilitar os processos de revisão e auto-teste
- As palavras compostas são divididas em pequenos blocos para facilitar o processo de aprendizagem
- O vocabulário oferece uma transcrição simples e adequada de cada palavra estrangeira

O vocabulário contém 155 tópicos incluindo:

Conceitos básicos, Números, Cores, Meses, Estações do ano, Unidades de medida, Roupas & Acessórios, Alimentos & Nutrição, Restaurante, Membros da Família, Parentes, Caráter, Sentimentos, Emoções, Doenças, Cidade, Passeios, Compras, Dinheiro, Casa, Lar, Escritório, Trabalho no Escritório, Importação & Exportação, Marketing, Pesquisa de Emprego, Desportos, Educação, Computador, Internet, Ferramentas, Natureza, Países, Nacionalidades e muito mais ...

ABELA DE CONTEÚDOS

Guia de pronunciação 9
Abreviaturas 11

CONCEITOS BÁSICOS 12
Conceitos básicos. Parte 1 12

1. Pronomes 12
2. Cumprimentos. Saudações. Despedidas 12
3. Como se dirigir a alguém 13
4. Números cardinais. Parte 1 13
5. Números cardinais. Parte 2 14
6. Números ordinais 15
7. Números. Frações 15
8. Números. Operações básicas 15
9. Números. Diversos 15
10. Os verbos mais importantes. Parte 1 16
11. Os verbos mais importantes. Parte 2 17
12. Os verbos mais importantes. Parte 3 18
13. Os verbos mais importantes. Parte 4 19
14. Cores 20
15. Questões 20
16. Preposições 21
17. Palavras funcionais. Advérbios. Parte 1 21
18. Palavras funcionais. Advérbios. Parte 2 23

Conceitos básicos. Parte 2 25

19. Dias da semana 25
20. Horas. Dia e noite 25
21. Meses. Estações 26
22. Unidades de medida 28
23. Recipientes 29

O SER HUMANO 30
O ser humano. O corpo 30

24. Cabeça 30
25. Corpo humano 31

Vestuário & Acessórios 32

26. Roupa exterior. Casacos 32
27. Vestuário de homem & mulher 32

28. Vestuário. Roupa interior 33
29. Adereços de cabeça 33
30. Calçado 33
31. Acessórios pessoais 34
32. Vestuário. Diversos 34
33. Cuidados pessoais. Cosméticos 35
34. Relógios de pulso. Relógios 36

Alimantação. Nutrição 37

35. Comida 37
36. Bebidas 38
37. Vegetais 39
38. Frutos. Nozes 40
39. Pão. Bolaria 41
40. Pratos cozinhados 41
41. Especiarias 42
42. Refeições 43
43. Por a mesa 44
44. Restaurante 44

Família, parentes e amigos 45

45. Informação pessoal. Formulários 45
46. Membros da família. Parentes 45

Medicina 47

47. Doenças 47
48. Simtomas. Tratamentos. Parte 1 48
49. Simtomas. Tratamentos. Parte 2 49
50. Simtomas. Tratamentos. Parte 3 50
51. Médicos 51
52. Medicina. Drogas. Acessórios 51

HABITAT HUMANO 52
Cidade 52

53. Cidade. Vida na cidade 52
54. Instituições urbanas 53
55. Sinais 54
56. Transportes urbanos 55
57. Turismo 56
58. Compras 57
59. Dinheiro 58
60. Correios. Serviço postal 59

Moradia. Casa. Lar 60

61. Casa. Eletricidade 60

62.	Moradia. Mansão	60
63.	Apartamento	60
64.	Mobiliário. Interior	61
65.	Quarto de dormir	62
66.	Cozinha	62
67.	Casa de banho	63
68.	Eletrodomésticos	64

ATIVIDADES HUMANAS 65
Emprego. Negócios. Parte 1 65

69.	Escritório. O trabalho no escritório	65
70.	Processos negociais. Parte 1	66
71.	Processos negociais. Parte 2	67
72.	Produção. Trabalhos	68
73.	Contrato. Acordo	69
74.	Importação & Exportação	70
75.	Finanças	70
76.	Marketing	71
77.	Publicidade	71
78.	Banca	72
79.	Telefone. Conversação telefónica	73
80.	Telefone móvel	73
81.	Estacionário	74
82.	Tipos de negócios	74

Emprego. Negócios. Parte 2 77

83.	Espetáculo. Feira	77
84.	Ciência. Investigação. Cientistas	78

Profissões e ocupações 79

85.	Procura de emprego. Demissão	79
86.	Gente de negócios	79
87.	Profissões de serviços	80
88.	Profissões militares e postos	81
89.	Oficiais. Padres	82
90.	Profissões agrícolas	82
91.	Profissões artísticas	83
92.	Várias profissões	83
93.	Ocupações. Estatuto social	85

Educação 86

94.	Escola	86
95.	Colégio. Universidade	87
96.	Ciências. Disciplinas	88
97.	Sistema de escrita. Ortografia	88
98.	Línguas estrangeiras	89

Descanso. Entretenimento. Viagens	91
99. Viagens	91
100. Hotel	91
EQUIPAMENTO TÉCNICO. TRANSPORTES	93
Equipamento técnico. Transportes	93
101. Computador	93
102. Internet. E-mail	94
103. Eletricidade	95
104. Ferramentas	95
Transportes	98
105. Avião	98
106. Comboio	99
107. Barco	100
108. Aeroporto	101
Eventos	103
109. Férias. Evento	103
110. Funerais. Enterro	104
111. Guerra. Soldados	104
112. Guerra. Ações militares. Parte 1	105
113. Guerra. Ações militares. Parte 2	107
114. Armas	108
115. Povos da antiguidade	110
116. Idade média	110
117. Líder. Chefe. Autoridades	112
118. Viloação da lei. Criminosos. Parte 1	113
119. Viloação da lei. Criminosos. Parte 2	114
120. Polícia. Lei. Parte 1	115
121. Polícia. Lei. Parte 2	116
NATUREZA	118
A Terra. Parte 1	118
122. Espaço sideral	118
123. A Terra	119
124. Pontos cardeais	120
125. Mar. Oceano	120
126. Nomes de Mares e Oceanos	121
127. Montanhas	122
128. Nomes de montanhas	123
129. Rios	123
130. Nomes de rios	124
131. Floresta	124
132. Recursos naturais	125

A Terra. Parte 2   127

133. Tempo   127
134. Tempo extremo. Catástrofes naturais   128

Fauna   129

135. Mamíferos. Predadores   129
136. Animais selvagens   129
137. Animais domésticos   130
138. Pássaros   131
139. Peixes. Animais marinhos   132
140. Amfíbios. Répteis   133
141. Insetos   134

Flora   135

142. Árvores   135
143. Arbustos   135
144. Frutos. Bagas   136
145. Flores. Plantas   136
146. Cereais, grãos   138

PAÍSES. NACIONALIDADES   139

147. Europa Ocidental   139
148. Europa Central e de Leste   139
149. Países da ex-URSS   140
150. Asia   140
151. America do Norte   141
152. America Centrale do Sul   141
153. Africa   142
154. Australia. Oceania   142
155. Cidades   142

GUIA DE PRONUNCIAÇÃO

Letra	Exemplo Coreano	Alfabeto fonético T&P	Exemplo Português

Consoantes

Letra	Exemplo Coreano	Alfabeto fonético T&P	Exemplo Português
ㄱ [1]	개	[k]	kiwi
ㄱ [2]	아기	[g]	gosto
ㄲ	껌	[k]	[k] tensionada
ㄴ	눈	[n]	natureza
ㄷ [3]	달	[t]	tulipa
ㄷ [4]	사다리	[d]	dentista
ㄸ	딸	[t]	[t] tensionada
ㄹ [5]	라디오	[r]	riscar
ㄹ [6]	십팔	[l]	libra
ㅁ	문	[m]	magnólia
ㅂ [7]	봄	[p]	presente
ㅂ [8]	아버지	[b]	barril
ㅃ	빵	[p]	[p] tensionada
ㅅ [9]	실	[s]	sanita
ㅅ [10]	옷	[t]	tulipa
ㅆ	쌀	[ja:]	Himalaias
ㅇ [11]	강	[ŋg]	flamingo
ㅈ [12]	집	[tɕ]	tchetcheno
ㅈ [13]	아주	[dʑ]	tajique
ㅉ	짬	[tɕ]	[tch] tensionado
ㅊ	차	[tɕh]	[tsch] aspirado
ㅌ	택시	[th]	[t] aspirada
ㅋ	칼	[kh]	[k] aspirada
ㅍ	포도	[ph]	[p] aspirada
ㅎ	한국	[h]	[h] aspirada

Vogais e combinações com vogais

Letra	Exemplo Coreano	Alfabeto fonético T&P	Exemplo Português
ㅏ	사	[a]	chamar
ㅑ	향	[ja]	Himalaias
ㅓ	머리	[ʌ]	fax

Letra	Exemplo Coreano	Alfabeto fonético T&P	Exemplo Português
ㅕ	병	[jɑ]	Himalaias
ㅗ	몸	[o]	lobo
ㅛ	표	[jɔ]	ioga
ㅜ	물	[u]	bonita
ㅠ	슈퍼	[ju]	nacional
ㅡ	음악	[ɪ]	sinónimo
ㅣ	길	[i], [i:]	sinónimo
ㅐ	뱀	[ɛ], [ɛ:]	mover
ㅒ	얘기	[je]	folheto
ㅔ	펜	[e]	metal
ㅖ	계산	[je]	folheto
ㅘ	왕	[wa]	Taiwan
ㅙ	왜	[ʊə]	adoecer
ㅚ	회의	[ø], [we]	orgulhoso, web
ㅝ	권	[uɔ]	álcool
ㅞ	웬	[ʊə]	adoecer
ㅟ	쥐	[wi]	kiwi
ㅢ	거의	[ɯi]	combinação [ɪi]

Comentários

[1] no início de uma palavra
[2] entre sons vocalizados
[3] no início de uma palavra
[4] entre sons vocalizados
[5] no fim de uma sílaba
[6] no fim de uma sílaba
[7] no início de uma palavra
[8] entre sons vocalizados
[9] no fim de uma sílaba
[10] no fim de uma sílaba
[11] no fim de uma sílaba
[12] no início de uma palavra
[13] entre sons vocalizados

ABREVIATURAS
usadas no vocabulário

Abreviaturas do Português

adj	-	adjetivo
adv	-	advérbio
anim.	-	animado
conj.	-	conjunção
desp.	-	desporto
etc.	-	etecetra
ex.	-	por exemplo
f	-	nome feminino
f pl	-	feminino plural
fem.	-	feminino
inanim.	-	inanimado
m	-	nome masculino
m pl	-	masculino plural
m, f	-	masculino, feminino
masc.	-	masculino
mat.	-	matemática
mil.	-	militar
pl	-	plural
prep.	-	preposição
pron.	-	pronome
sb.	-	sobre
sing.	-	singular
v aux	-	verbo auxiliar
vi	-	verbo intransitivo
vi, vt	-	verbo intransitivo, transitivo
vr	-	verbo reflexivo
vt	-	verbo transitivo

CONCEITOS BÁSICOS

Conceitos básicos. Parte 1

1. Pronomes

eu	나, 저	na
tu	너	neo
ele	그, 그분	geu, geu-bun
ela	그녀	geu-nyeo
ele, ela (neutro)	그것	geu-geot
nós	우리	u-ri
vocês	너희	neo-hui
você (sing.)	당신	dang-sin
eles, elas	그들	geu-deul

2. Cumprimentos. Saudações. Despedidas

Olá!	안녕!	an-nyeong!
Bom dia! (formal)	안녕하세요!	an-nyeong-ha-se-yo!
Bom dia! (de manhã)	안녕하세요!	an-nyeong-ha-se-yo!
Boa tarde!	안녕하세요!	an-nyeong-ha-se-yo!
Boa noite!	안녕하세요!	an-nyeong-ha-se-yo!
cumprimentar (vt)	인사하다	in-sa-ha-da
Olá!	안녕!	an-nyeong!
saudação (f)	인사	in-sa
saudar (vt)	인사하다	in-sa-ha-da
Como vai?	잘 지내세요?	jal ji-nae-se-yo?
O que há de novo?	어떻게 지내?	eo-tteo-ke ji-nae?
Até à vista!	안녕히 가세요!	an-nyeong-hi ga-se-yo!
Até breve!	또 만나요!	tto man-na-yo!
Adeus! (sing.)	잘 있어!	jal ri-seo!
Adeus! (pl)	안녕히 계세요!	an-nyeong-hi gye-se-yo!
despedir-se (vr)	작별인사를 하다	jak-byeo-rin-sa-reul ha-da
Até logo!	안녕!	an-nyeong!
Obrigado! -a!	감사합니다!	gam-sa-ham-ni-da!
Muito obrigado! -a!	대단히 감사합니다!	dae-dan-hi gam-sa-ham-ni-da!
De nada	천만이에요	cheon-man-i-e-yo
Não tem de quê	천만의 말씀입니다	cheon-man-ui mal-sseum-im-ni-da
De nada	천만에	cheon-man-e

Desculpa!	실례!	sil-lye!
Desculpe!	실례합니다!	sil-lye-ham-ni-da!
desculpar (vt)	용서하다	yong-seo-ha-da
desculpar-se (vr)	사과하다	sa-gwa-ha-da
As minhas desculpas	사과드립니다	sa-gwa-deu-rim-ni-da
Desculpe!	죄송합니다!	joe-song-ham-ni-da!
perdoar (vt)	용서하다	yong-seo-ha-da
por favor	부탁합니다	bu-tak-am-ni-da
Não se esqueça!	잊지 마십시오!	it-ji ma-sip-si-o!
Certamente! Claro!	물론이에요!	mul-lon-i-e-yo!
Claro que não!	물론 아니에요!	mul-lon a-ni-e-yo!
Está bem! De acordo!	그래요!	geu-rae-yo!
Basta!	그만!	geu-man!

3. Como se dirigir a alguém

senhor	선생	seon-saeng
senhora	여사님	yeo-sa-nim
rapariga	아가씨	a-ga-ssi
rapaz	젊은 분	jeol-meun bun
menino	꼬마	kko-ma
menina	꼬마	kko-ma

4. Números cardinais. Parte 1

zero	영	yeong
um	일	il
dois	이	i
três	삼	sam
quatro	사	sa
cinco	오	o
seis	육	yuk
sete	칠	chil
oito	팔	pal
nove	구	gu
dez	십	sip
onze	십일	si-bil
doze	십이	si-bi
treze	십삼	sip-sam
catorze	십사	sip-sa
quinze	십오	si-bo
dezasseis	십육	si-byuk
dezassete	십칠	sip-chil
dezoito	십팔	sip-pal
dezanove	십구	sip-gu
vinte	이십	i-sip
vinte e um	이십일	i-si-bil

vinte e dois	이십이	i-si-bi
vinte e três	이십삼	i-sip-sam
trinta	삼십	sam-sip
trinta e um	삼십일	sam-si-bil
trinta e dois	삼십이	sam-si-bi
trinta e três	삼십삼	sam-sip-sam
quarenta	사십	sa-sip
quarenta e um	사십일	sa-si-bil
quarenta e dois	사십이	sa-si-bi
quarenta e três	사십삼	sa-sip-sam
cinquenta	오십	o-sip
cinquenta e um	오십일	o-si-bil
cinquenta e dois	오십이	o-si-bi
cinquenta e três	오십삼	o-sip-sam
sessenta	육십	yuk-sip
sessenta e um	육십일	yuk-si-bil
sessenta e dois	육십이	yuk-si-bi
sessenta e três	육십삼	yuk-sip-sam
setenta	칠십	chil-sip
setenta e um	칠십일	chil-si-bil
setenta e dois	칠십이	chil-si-bi
setenta e três	칠십삼	chil-sip-sam
oitenta	팔십	pal-sip
oitenta e um	팔십일	pal-si-bil
oitenta e dois	팔십이	pal-si-bi
oitenta e três	팔십삼	pal-sip-sam
noventa	구십	gu-sip
noventa e um	구십일	gu-si-bil
noventa e dois	구십이	gu-si-bi
noventa e três	구십삼	gu-sip-sam

5. Números cardinais. Parte 2

cem	백	baek
duzentos	이백	i-baek
trezentos	삼백	sam-baek
quatrocentos	사백	sa-baek
quinhentos	오백	o-baek
seiscentos	육백	yuk-baek
setecentos	칠백	chil-baek
oitocentos	팔백	pal-baek
novecentos	구백	gu-baek
mil	천	cheon
dois mil	이천	i-cheon
três mil	삼천	sam-cheon

dez mil	만	man
cem mil	십만	sim-man
um milhão	백만	baeng-man
mil milhões	십억	si-beok

6. Números ordinais

primeiro	첫 번째의	cheot beon-jjae-ui
segundo	두 번째의	du beon-jjae-ui
terceiro	세 번째의	se beon-jjae-ui
quarto	네 번째의	ne beon-jjae-ui
quinto	다섯 번째의	da-seot beon-jjae-ui
sexto	여섯 번째의	yeo-seot beon-jjae-ui
sétimo	일곱 번째의	il-gop beon-jjae-ui
oitavo	여덟 번째의	yeo-deol beon-jjae-ui
nono	아홉 번째의	a-hop beon-jjae-ui
décimo	열 번째의	yeol beon-jjae-ui

7. Números. Frações

fração (f)	분수	bun-su
um meio	이분의 일	i-bun-ui il
um terço	삼분의 일	sam-bun-ui il
um quarto	사분의 일	sa-bun-ui il
um oitavo	팔분의 일	pal-bun-ui il
um décimo	십분의 일	sip-bun-ui il
dois terços	삼분의 이	sam-bun-ui i
três quartos	사분의 삼	sa-bun-ui sam

8. Números. Operações básicas

subtração (f)	빼기	ppae-gi
subtrair (vi, vt)	빼다	ppae-da
divisão (f)	나누기	na-nu-gi
dividir (vt)	나누다	na-nu-da
adição (f)	더하기	deo-ha-gi
somar (vt)	합하다	ha-pa-da
adicionar (vt)	더하다	deo-ha-da
multiplicação (f)	곱하기	go-pa-gi
multiplicar (vt)	곱하다	go-pa-da

9. Números. Diversos

algarismo, dígito (m)	숫자	sut-ja
número (m)	숫자	sut-ja

numeral (m)	수사	su-sa
menos (m)	마이너스	ma-i-neo-seu
mais (m)	플러스	peul-leo-seu
fórmula (f)	공식	gong-sik
cálculo (m)	계산	gye-san
contar (vt)	세다	se-da
calcular (vt)	헤아리다	he-a-ri-da
comparar (vt)	비교하다	bi-gyo-ha-da
Quanto?	얼마?	eol-ma?
Quantos? -as?	얼마나?	eo-di-ro?
soma (f)	총합	chong-hap
resultado (m)	결과	gyeol-gwa
resto (m)	나머지	na-meo-ji
alguns, algumas ...	몇	myeot
um pouco de ...	조금	jo-geum
resto (m)	나머지	na-meo-ji
um e meio	일과 이분의 일	il-gwa i-bun-ui il
dúzia (f)	다스	da-seu
ao meio	반으로	ba-neu-ro
em partes iguais	균등하게	gyun-deung-ha-ge
metade (f)	절반	jeol-ban
vez (f)	번	beon

10. Os verbos mais importantes. Parte 1

abrir (vt)	열다	yeol-da
acabar, terminar (vt)	끝내다	kkeun-nae-da
aconselhar (vt)	조언하다	jo-eon-ha-da
adivinhar (vt)	추측하다	chu-cheuk-a-da
advertir (vt)	경고하다	gyeong-go-ha-da
ajudar (vt)	도와주다	do-wa-ju-da
almoçar (vi)	점심을 먹다	jeom-si-meul meok-da
alugar (~ um apartamento)	임대하다	im-dae-ha-da
amar (vt)	사랑하다	sa-rang-ha-da
ameaçar (vt)	협박하다	hyeop-bak-a-da
anotar (escrever)	적다	jeok-da
apanhar (vt)	잡다	jap-da
apressar-se (vr)	서두르다	seo-du-reu-da
arrepender-se (vr)	후회하다	hu-hoe-ha-da
assinar (vt)	서명하다	seo-myeong-ha-da
atirar, disparar (vi)	쏘다	sso-da
brincar (vi)	농담하다	nong-dam-ha-da
brincar, jogar (crianças)	놀다	nol-da
buscar (vt)	... 를 찾다	... reul chat-da
caçar (vi)	사냥하다	sa-nyang-ha-da
cair (vi)	떨어지다	tteo-reo-ji-da
cavar (vt)	파다	pa-da

cessar (vt)	그만두다	geu-man-du-da
chamar (~ por socorro)	부르다, 요청하다	bu-reu-da, yo-cheong-ha-da
chegar (vi)	도착하다	do-chak-a-da
chorar (vi)	울다	ul-da
começar (vt)	시작하다	si-jak-a-da
comparar (vt)	비교하다	bi-gyo-ha-da
compreender (vt)	이해하다	i-hae-ha-da
concordar (vi)	동의하다	dong-ui-ha-da
confiar (vt)	신뢰하다	sil-loe-ha-da
confundir (equivocar-se)	혼동하다	hon-dong-ha-da
conhecer (vt)	알다	al-da
contar (fazer contas)	세다	se-da
contar com (esperar)	… 에 의지하다	… e ui-ji-ha-da
continuar (vt)	계속하다	gye-sok-a-da
controlar (vt)	제어하다	je-eo-ha-da
convidar (vt)	초대하다	cho-dae-ha-da
correr (vi)	달리다	dal-li-da
criar (vt)	창조하다	chang-jo-ha-da
custar (vt)	값이 … 이다	gap-si … i-da

11. Os verbos mais importantes. Parte 2

dar (vt)	주다	ju-da
dar uma dica	힌트를 주다	hin-teu-reul ju-da
decorar (enfeitar)	장식하다	jang-sik-a-da
defender (vt)	방어하다	bang-eo-ha-da
deixar cair (vt)	떨어뜨리다	tteo-reo-tteu-ri-da
descer (para baixo)	내려오다	nae-ryeo-o-da
desculpar-se (vr)	사과하다	sa-gwa-ha-da
dirigir (~ uma empresa)	운영하다	u-nyeong-ha-da
discutir (notícias, etc.)	의논하다	ui-non-ha-da
dizer (vt)	말하다	mal-ha-da
duvidar (vt)	의심하다	ui-sim-ha-da
encontrar (achar)	찾다	chat-da
enganar (vt)	속이다	so-gi-da
entrar (na sala, etc.)	들어가다	deu-reo-ga-da
enviar (uma carta)	보내다	bo-nae-da
errar (equivocar-se)	실수하다	sil-su-ha-da
escolher (vt)	선택하다	seon-taek-a-da
esconder (vt)	숨기다	sum-gi-da
escrever (vt)	쓰다	sseu-da
esperar (o autocarro, etc.)	기다리다	gi-da-ri-da
esperar (ter esperança)	희망하다	hui-mang-ha-da
esquecer (vt)	잊다	it-da
estudar (vt)	공부하다	gong-bu-ha-da
exigir (vt)	요구하다	yo-gu-ha-da
existir (vi)	존재하다	jon-jae-ha-da

explicar (vt)	설명하다	seol-myeong-ha-da
falar (vi)	말하다	mal-ha-da
faltar (clases, etc.)	결석하다	gyeol-seok-a-da
fazer (vt)	하다	ha-da
ficar em silêncio	침묵을 지키다	chim-mu-geul ji-ki-da
gabar-se, jactar-se (vr)	자랑하다	ja-rang-ha-da
gostar (apreciar)	좋아하다	jo-a-ha-da
gritar (vi)	소리치다	so-ri-chi-da
guardar (cartas, etc.)	보관하다	bo-gwan-ha-da
informar (vt)	알리다	al-li-da
insistir (vi)	주장하다	ju-jang-ha-da
insultar (vt)	모욕하다	mo-yok-a-da
interessar-se (vr)	… 에 관심을 가지다	… e gwan-si-meul ga-ji-da
ir (a pé)	가다	ga-da
ir nadar	수영하다	su-yeong-ha-da
jantar (vi)	저녁을 먹다	jeo-nyeo-geul meok-da

12. Os verbos mais importantes. Parte 3

ler (vt)	읽다	ik-da
libertar (cidade, etc.)	해방하다	hae-bang-ha-da
matar (vt)	죽이다	ju-gi-da
mencionar (vt)	언급하다	eon-geu-pa-da
mostrar (vt)	보여주다	bo-yeo-ju-da
mudar (modificar)	바꾸다	ba-kku-da
nadar (vi)	수영하다	su-yeong-ha-da
negar-se (vt)	거절하다	geo-jeol-ha-da
objetar (vt)	반대하다	ban-dae-ha-da
observar (vt)	지켜보다	ji-kyeo-bo-da
ordenar (mil.)	명령하다	myeong-nyeong-ha-da
ouvir (vt)	듣다	deut-da
pagar (vt)	지불하다	ji-bul-ha-da
parar (vi)	정지하다	jeong-ji-ha-da
participar (vi)	참가하다	cham-ga-ha-da
pedir (comida)	주문하다	ju-mun-ha-da
pedir (um favor, etc.)	부탁하다	bu-tak-a-da
pegar (tomar)	잡다	jap-da
pensar (vt)	생각하다	saeng-gak-a-da
perceber (ver)	알아차리다	a-ra-cha-ri-da
perdoar (vt)	용서하다	yong-seo-ha-da
perguntar (vt)	묻다	mut-da
permitir (vt)	허가하다	heo-ga-ha-da
pertencer (vt)	… 에 속하다	… e sok-a-da
planear (vt)	계획하다	gye-hoek-a-da
poder (vi)	할 수 있다	hal su it-da
possuir (vt)	소유하다	so-yu-ha-da
preferir (vt)	선호하다	seon-ho-ha-da

preparar (vt)	요리하다	yo-ri-ha-da
prever (vt)	예상하다	ye-sang-ha-da
prometer (vt)	약속하다	yak-sok-a-da
pronunciar (vt)	발음하다	ba-reum-ha-da
propor (vt)	제안하다	je-an-ha-da
punir (castigar)	처벌하다	cheo-beol-ha-da

13. Os verbos mais importantes. Parte 4

quebrar (vt)	깨뜨리다	kkae-tteu-ri-da
queixar-se (vr)	불평하다	bul-pyeong-ha-da
querer (desejar)	원하다	won-ha-da
recomendar (vt)	추천하다	chu-cheon-ha-da
repetir (dizer outra vez)	반복하다	ban-bok-a-da
repreender (vt)	꾸짖다	kku-jit-da
reservar (~ um quarto)	예약하다	ye-yak-a-da
responder (vt)	대답하다	dae-da-pa-da
rezar, orar (vi)	기도하다	gi-do-ha-da
rir (vi)	웃다	ut-da
roubar (vt)	훔치다	hum-chi-da
saber (vt)	알다	al-da
sair (~ de casa)	나가다	na-ga-da
salvar (vt)	구조하다	gu-jo-ha-da
seguir ...	... 를 따라가다	... reul tta-ra-ga-da
sentar-se (vr)	앉다	an-da
ser necessário	필요하다	pi-ryo-ha-da
significar (vt)	의미하다	ui-mi-ha-da
sorrir (vi)	미소를 짓다	mi-so-reul jit-da
subestimar (vt)	과소평가하다	gwa-so-pyeong-ga-ha-da
surpreender-se (vr)	놀라다	nol-la-da
tentar (vt)	해보다	hae-bo-da
ter (vt)	가지다	ga-ji-da
ter fome	배가 고프다	bae-ga go-peu-da
ter medo	무서워하다	mu-seo-wo-ha-da
ter sede	목마르다	mong-ma-reu-da
tocar (com as mãos)	닿다	da-ta
tomar o pequeno-almoço	아침을 먹다	a-chi-meul meok-da
trabalhar (vi)	일하다	il-ha-da
traduzir (vt)	번역하다	beo-nyeok-a-da
unir (vt)	연합하다	yeon-ha-pa-da
vender (vt)	팔다	pal-da
ver (vt)	보다	bo-da
virar (ex. ~ à direita)	돌다	dol-da
voar (vi)	날다	nal-da

14. Cores

cor (f)	색	sae
matiz (m)	색조	saek-jo
tom (m)	색상	saek-sang
arco-íris (m)	무지개	mu-ji-gae
branco	흰	huin
preto	검은	geo-meun
cinzento	회색의	hoe-sae-gui
verde	초록색의	cho-rok-sae-gui
amarelo	노란	no-ran
vermelho	빨간	ppal-gan
azul	파란	pa-ran
azul claro	하늘색의	ha-neul-sae-gui
rosa	분홍색의	bun-hong-sae-gui
laranja	주황색의	ju-hwang-sae-gui
violeta	보라색의	bo-ra-sae-gui
castanho	갈색의	gal-sae-gui
dourado	금색의	geum-sae-gui
prateado	은색의	eun-sae-gui
bege	베이지색의	be-i-ji-sae-gui
creme	크림색의	keu-rim-sae-gui
turquesa	청록색의	cheong-nok-sae-gui
vermelho cereja	암적색의	am-jeok-sae-gui
lilás	연보라색의	yeon-bo-ra-sae-gui
carmesim	진홍색의	jin-hong-sae-gui
claro	밝은	bal-geun
escuro	질은	ji-teun
vivo	선명한	seon-myeong-han
de cor	색의	sae-gui
a cores	컬러의	keol-leo-ui
preto e branco	흑백의	heuk-bae-gui
unicolor	단색의	dan-sae-gui
multicor	다색의	da-sae-gui

15. Questões

Quem?	누구?	nu-gu?
Que?	무엇?	mu-eot?
Onde?	어디?	eo-di?
Para onde?	어디로?	eo-di-ro?
De onde?	어디로부터?	eo-di-ro-bu-teo?
Quando?	언제?	eon-je?
Para quê?	왜?	wae?
Porquê?	왜?	wae?
Para quê?	무엇을 위해서?	mu-eos-eul rwi-hae-seo?

Como?	어떻게?	eo-tteo-ke?
Qual?	어떤?	eo-tteon?
Qual? (entre dois ou mais)	어느?	eo-neu?

A quem?	누구에게?	nu-gu-e-ge?
Sobre quem?	누구에 대하여?	nu-gu-e dae-ha-yeo?
Do quê?	무엇에 대하여?	mu-eos-e dae-ha-yeo?
Com quem?	누구하고?	nu-gu-ha-go?

| Quanto, -os, -as? | 얼마? | eol-ma? |
| De quem? (masc.) | 누구의? | nu-gu-ui? |

16. Preposições

com (prep.)	··· 하고	... ha-go
sem (prep.)	없이	eop-si
a, para (exprime lugar)	··· 에	... e
sobre (ex. falar ~)	··· 에 대하여	... e dae-ha-yeo
antes de ...	전에	jeon-e
diante de ...	··· 앞에	... a-pe

sob (debaixo de)	밑에	mi-te
sobre (em cima de)	위에	wi-e
sobre (~ a mesa)	위에	wi-e
de (vir ~ Lisboa)	··· 에서	... e-seo
de (feito ~ pedra)	··· 로	... ro

| dentro de (~ dez minutos) | ··· 안에 | ... a-ne |
| por cima de ... | 너머 | dwi-e |

17. Palavras funcionais. Advérbios. Parte 1

Onde?	어디?	eo-di?
aqui	여기	yeo-gi
lá, ali	거기	geo-gi

| em algum lugar | 어딘가 | eo-din-ga |
| em lugar nenhum | 어디도 | eo-di-do |

| ao pé de ... | 옆에 | yeo-pe |
| ao pé da janela | 창문 옆에 | chang-mun nyeo-pe |

Para onde?	어디로?	eo-di-ro?
para cá	여기로	yeo-gi-ro
para lá	거기로	geo-gi-ro
daqui	여기서	yeo-gi-seo
de lá, dali	거기서	geo-gi-seo

perto	가까이	ga-kka-i
longe	멀리	meol-li
perto de ...	근처에	geun-cheo-e
ao lado de	인근에	in-geu-ne

perto, não fica longe	멀지 않게	meol-ji an-ke
esquerdo	왼쪽의	oen-jjo-gui
à esquerda	왼쪽에	oen-jjo-ge
para esquerda	왼쪽으로	oen-jjo-geu-ro
direito	오른쪽의	o-reun-jjo-gui
à direita	오른쪽에	o-reun-jjo-ge
para direita	오른쪽으로	o-reun-jjo-geu-ro
à frente	앞쪽에	ap-jjo-ge
da frente	앞의	a-pui
em frente (para a frente)	앞으로	a-peu-ro
atrás de ...	뒤에	dwi-e
por detrás (vir ~)	뒤에서	dwi-e-seo
para trás	뒤로	dwi-ro
meio (m), metade (f)	가운데	ga-un-de
no meio	가운데에	ga-un-de-e
de lado	옆에	yeo-pe
em todo lugar	모든 곳에	mo-deun gos-e
ao redor (olhar ~)	주위에	ju-wi-e
de dentro	내면에서	nae-myeon-e-seo
para algum lugar	어딘가에	eo-din-ga-e
diretamente	똑바로	ttok-ba-ro
de volta	뒤로	dwi-ro
de algum lugar	어디에서든지	eo-di-e-seo-deun-ji
de um lugar	어디로부터인지	eo-di-ro-bu-teo-in-ji
em primeiro lugar	첫째로	cheot-jjae-ro
em segundo lugar	둘째로	dul-jjae-ro
em terceiro lugar	셋째로	set-jjae-ro
de repente	갑자기	gap-ja-gi
no início	처음에	cheo-eum-e
pela primeira vez	처음으로	cheo-eu-meu-ro
muito antes de ...	... 오래 전에	... o-rae jeon-e
de novo, novamente	다시	da-si
para sempre	영원히	yeong-won-hi
nunca	절대로	jeol-dae-ro
de novo	다시	da-si
agora	이제	i-je
frequentemente	자주	ja-ju
então	그때	geu-ttae
urgentemente	급히	geu-pi
usualmente	보통으로	bo-tong-eu-ro
a propósito, ...	그건 그렇고, ...	geu-geon geu-reo-ko, ...
é possível	가능한	ga-neung-han
provavelmente	아마	a-ma
talvez	어쩌면	eo-jjeo-myeon
além disso, ...	게다가 ...	ge-da-ga ...

por isso ...	그래서 ...	geu-rae-seo ...
apesar de ...	... 에도 불구하고	... e-do bul-gu-ha-go
graças a ...	... 덕분에	... deok-bun-e
algo	무엇인가	mu-eon-nin-ga
alguma coisa	무엇이든지	mu-eon-ni-deun-ji
nada	아무것도	a-mu-geot-do
alguém (~ teve uma ideia ...)	누구	nu-gu
alguém	누군가	nu-gun-ga
ninguém	아무도	a-mu-do
para lugar nenhum	아무데도	a-mu-de-do
de ninguém	누구의 것도 아닌	nu-gu-ui geot-do a-nin
de alguém	누군가의	nu-gun-ga-ui
tão	그래서	geu-rae-seo
também (gostaria ~ de ...)	역시	yeok-si
também (~ eu)	또한	tto-han

18. Palavras funcionais. Advérbios. Parte 2

Porquê?	왜?	wae?
por alguma razão	어떤 이유로	eo-tteon ni-yu-ro
porque ...	왜냐하면 ...	wae-nya-ha-myeon ...
por qualquer razão	어떤 목적으로	eo-tteon mok-jeo-geu-ro
e (tu ~ eu)	그리고	geu-ri-go
ou (ser ~ não ser)	또는	tto-neun
mas (porém)	그러나	geu-reo-na
para (~ a minha mãe)	위해서	wi-hae-seo
demasiado, muito	너무	neo-mu
só, somente	... 만	... man
exatamente	정확하게	jeong-hwak-a-ge
cerca de (~ 10 kg)	약	yak
aproximadamente	대략	dae-ryak
aproximado	대략적인	dae-ryak-jeo-gin
quase	거의	geo-ui
resto (m)	나머지	na-meo-ji
cada	각각의	gak-ga-gui
qualquer	아무	a-mu
muito	많이	ma-ni
muitas pessoas	많은 사람들	ma-neun sa-ram-deul
todos	모두	mo-du
em troca de ...	... 의 교환으로	... ui gyo-hwa-neu-ro
em troca	교환으로	gyo-hwa-neu-ro
à mão	수공으로	su-gong-eu-ro
pouco provável	거의	geo-ui
provavelmente	아마	a-ma
de propósito	일부러	il-bu-reo

por acidente	우연히	u-yeon-hi
muito	아주	a-ju
por exemplo	예를 들면	ye-reul deul-myeon
entre	사이에	sa-i-e
entre (no meio de)	중에	jung-e
tanto	이만큼	i-man-keum
especialmente	특히	teuk-i

Conceitos básicos. Parte 2

19. Dias da semana

segunda-feira (f)	월요일	wo-ryo-il
terça-feira (f)	화요일	hwa-yo-il
quarta-feira (f)	수요일	su-yo-il
quinta-feira (f)	목요일	mo-gyo-il
sexta-feira (f)	금요일	geu-myo-il
sábado (m)	토요일	to-yo-il
domingo (m)	일요일	i-ryo-il
hoje	오늘	o-neul
amanhã	내일	nae-il
depois de amanhã	모레	mo-re
ontem	어제	eo-je
anteontem	그저께	geu-jeo-kke
dia (m)	낮	nat
dia (m) de trabalho	근무일	geun-mu-il
feriado (m)	공휴일	gong-hyu-il
dia (m) de folga	휴일	hyu-il
fim (m) de semana	주말	ju-mal
o dia todo	하루종일	ha-ru-jong-il
no dia seguinte	다음날	da-eum-nal
há dois dias	이틀 전	i-teul jeon
na véspera	전날	jeon-nal
diário	일간의	il-ga-nui
todos os dias	매일	mae-il
semana (f)	주	ju
na semana passada	지난 주에	ji-nan ju-e
na próxima semana	다음 주에	da-eum ju-e
semanal	주간의	ju-ga-nui
cada semana	매주	mae-ju
duas vezes por semana	일주일에 두번	il-ju-i-re du-beon
cada terça-feira	매주 화요일	mae-ju hwa-yo-il

20. Horas. Dia e noite

manhã (f)	아침	a-chim
de manhã	아침에	a-chim-e
meio-dia (m)	정오	jeong-o
à tarde	오후에	o-hu-e
noite (f)	저녁	jeo-nyeok
à noite (noitinha)	저녁에	jeo-nyeo-ge

noite (f)	밤	bam
à noite	밤에	bam-e
meia-noite (f)	자정	ja-jeong
segundo (m)	초	cho
minuto (m)	분	bun
hora (f)	시	si
meia hora (f)	반시간	ban-si-gan
quarto (m) de hora	십오분	si-bo-bun
quinze minutos	십오분	si-bo-bun
vinte e quatro horas	이십사시간	i-sip-sa-si-gan
nascer (m) do sol	일출	il-chul
amanhecer (m)	새벽	sae-byeok
madrugada (f)	이른 아침	i-reun a-chim
pôr do sol (m)	저녁 노을	jeo-nyeok no-eul
de madrugada	이른 아침에	i-reun a-chim-e
hoje de manhã	오늘 아침에	o-neul ra-chim-e
amanhã de manhã	내일 아침에	nae-il ra-chim-e
hoje à tarde	오늘 오후에	o-neul ro-hu-e
à tarde	오후에	o-hu-e
amanhã à tarde	내일 오후에	nae-il ro-hu-e
hoje à noite	오늘 저녁에	o-neul jeo-nyeo-ge
amanhã à noite	내일 밤에	nae-il bam-e
às três horas em ponto	3시 정각에	se-si jeong-ga-ge
por volta das quatro	4시쯤에	ne-si-jjeu-me
às doze	12시까지	yeoldu si-kka-ji
dentro de vinte minutos	20분 안에	isib-bun na-ne
dentro duma hora	한 시간 안에	han si-gan na-ne
a tempo	제시간에	je-si-gan-e
menos um quarto	… 십오 분	… si-bo bun
durante uma hora	한 시간 내에	han si-gan nae-e
a cada quinze minutos	15분 마다	sibo-bun ma-da
as vinte e quatro horas	하루종일	ha-ru-jong-il

21. Meses. Estações

janeiro (m)	일월	i-rwol
fevereiro (m)	이월	i-wol
março (m)	삼월	sam-wol
abril (m)	사월	sa-wol
maio (m)	오월	o-wol
junho (m)	유월	yu-wol
julho (m)	칠월	chi-rwol
agosto (m)	팔월	pa-rwol
setembro (m)	구월	gu-wol
outubro (m)	시월	si-wol

novembro (m)	십일월	si-bi-rwol
dezembro (m)	십이월	si-bi-wol
primavera (f)	봄	bom
na primavera	봄에	bom-e
primaveril	봄의	bom-ui
verão (m)	여름	yeo-reum
no verão	여름에	yeo-reum-e
de verão	여름의	yeo-reu-mui
outono (m)	가을	ga-eul
no outono	가을에	ga-eu-re
outonal	가을의	ga-eu-rui
inverno (m)	겨울	gyeo-ul
no inverno	겨울에	gyeo-u-re
de inverno	겨울의	gyeo-ul
mês (m)	월, 달	wol, dal
este mês	이번 달에	i-beon da-re
no próximo mês	다음 달에	da-eum da-re
no mês passado	지난 달에	ji-nan da-re
há um mês	한달 전에	han-dal jeon-e
dentro de um mês	한 달 안에	han dal ra-ne
dentro de dois meses	두 달 안에	du dal ra-ne
todo o mês	한 달 내내	han dal lae-nae
um mês inteiro	한달간 내내	han-dal-gan nae-nae
mensal	월간의	wol-ga-nui
mensalmente	매월, 매달	mae-wol, mae-dal
cada mês	매달	mae-dal
duas vezes por mês	한 달에 두 번	han da-re du beon
ano (m)	년	nyeon
este ano	올해	ol-hae
no próximo ano	내년	nae-nyeon
no ano passado	작년	jang-nyeon
há um ano	일년 전	il-lyeon jeon
dentro dum ano	일 년 안에	il lyeon na-ne
dentro de 2 anos	이 년 안에	i nyeon na-ne
todo o ano	한 해 전체	han hae jeon-che
um ano inteiro	일년 내내	il-lyeon nae-nae
cada ano	매년	mae-nyeon
anual	연간의	yeon-ga-nui
anualmente	매년	mae-nyeon
quatro vezes por ano	일년에 네 번	il-lyeon-e ne beon
data (~ de hoje)	날짜	nal-jja
data (ex. ~ de nascimento)	월일	wo-ril
calendário (m)	달력	dal-lyeok
meio ano	반년	ban-nyeon
seis meses	육개월	yuk-gae-wol

estação (f)	계절	gye-jeol
século (m)	세기	se-gi

22. Unidades de medida

peso (m)	무게	mu-ge
comprimento (m)	길이	gi-ri
largura (f)	폭, 너비	pok, neo-bi
altura (f)	높이	no-pi
profundidade (f)	깊이	gi-pi
volume (m)	부피	bu-pi
área (f)	면적	myeon-jeok
grama (m)	그램	geu-raem
miligrama (m)	밀리그램	mil-li-geu-raem
quilograma (m)	킬로그램	kil-lo-geu-raem
tonelada (f)	톤	ton
libra (453,6 gramas)	파운드	pa-un-deu
onça (f)	온스	on-seu
metro (m)	미터	mi-teo
milímetro (m)	밀리미터	mil-li-mi-teo
centímetro (m)	센티미터	sen-ti-mi-teo
quilómetro (m)	킬로미터	kil-lo-mi-teo
milha (f)	마일	ma-il
polegada (f)	인치	in-chi
pé (304,74 mm)	피트	pi-teu
jarda (914,383 mm)	야드	ya-deu
metro (m) quadrado	제곱미터	je-gom-mi-teo
hectare (m)	헥타르	hek-ta-reu
litro (m)	리터	ri-teo
grau (m)	도	do
volt (m)	볼트	bol-teu
ampere (m)	암페어	am-pe-eo
cavalo-vapor (m)	마력	ma-ryeok
quantidade (f)	수량, 양	su-ryang, yang
um pouco de …	… 조금	… jo-geum
metade (f)	절반	jeol-ban
dúzia (f)	다스	da-seu
peça (f)	조각	jo-gak
dimensão (f)	크기	keu-gi
escala (f)	축척	chuk-cheok
mínimo	최소의	choe-so-ui
menor, mais pequeno	가장 작은	ga-jang ja-geun
médio	중간의	jung-gan-ui
máximo	최대의	choe-dae-ui
maior, mais grande	가장 큰	ga-jang keun

23. Recipientes

boião (m) de vidro	유리병	yu-ri-byeong
lata (~ de cerveja)	캔, 깡통	kaen, kkang-tong
balde (m)	양동이	yang-dong-i
barril (m)	통	tong
bacia (~ de plástico)	대야	dae-ya
tanque (m)	탱크	taeng-keu
cantil (m) de bolso	휴대용 술병	hyu-dae-yong sul-byeong
bidão (m) de gasolina	통	tong
cisterna (f)	탱크	taeng-keu
caneca (f)	머그컵	meo-geu-keop
chávena (f)	컵	keop
pires (m)	받침 접시	bat-chim jeop-si
copo (m)	유리잔	yu-ri-jan
taça (f) de vinho	와인글라스	wa-in-geul-la-seu
panela, caçarola (f)	냄비	naem-bi
garrafa (f)	병	byeong
gargalo (m)	병목	byeong-mok
jarro, garrafa (f)	디캔터	di-kaen-teo
jarro (m) de barro	물병	mul-byeong
recipiente (m)	용기	yong-gi
pote (m)	항아리	hang-a-ri
vaso (m)	화병	hwa-byeong
frasco (~ de perfume)	향수병	hyang-su-byeong
frasquinho (ex. ~ de iodo)	약병	yak-byeong
tubo (~ de pasta dentífrica)	튜브	tyu-beu
saca (ex. ~ de açúcar)	자루	ja-ru
saco (~ de plástico)	봉투	bong-tu
maço (m)	갑	gap
caixa (~ de sapatos, etc.)	박스	bak-seu
caixa (~ de madeira)	상자	sang-ja
cesta (f)	바구니	ba-gu-ni

O SER HUMANO

O ser humano. O corpo

24. Cabeça

cabeça (f)	머리	meo-ri
cara (f)	얼굴	eol-gul
nariz (m)	코	ko
boca (f)	입	ip
olho (m)	눈	nun
olhos (m pl)	눈	nun
pupila (f)	눈동자	nun-dong-ja
sobrancelha (f)	눈썹	nun-sseop
pestana (f)	속눈썹	song-nun-sseop
pálpebra (f)	눈꺼풀	nun-kkeo-pul
língua (f)	혀	hyeo
dente (m)	이	i
lábios (m pl)	입술	ip-sul
maçãs (f pl) do rosto	광대뼈	gwang-dae-ppyeo
gengiva (f)	잇몸	in-mom
paladar (m)	입천장	ip-cheon-jang
narinas (f pl)	콧구멍	kot-gu-meong
queixo (m)	턱	teok
mandíbula (f)	턱	teok
bochecha (f)	뺨, 볼	ppyam, bol
testa (f)	이마	i-ma
têmpora (f)	관자놀이	gwan-ja-no-ri
orelha (f)	귀	gwi
nuca (f)	뒤통수	dwi-tong-su
pescoço (m)	목	mok
garganta (f)	목구멍	mok-gu-meong
cabelos (m pl)	머리털, 헤어	meo-ri-teol, he-eo
penteado (m)	머리 스타일	meo-ri seu-ta-il
corte (m) de cabelo	헤어컷	he-eo-keot
peruca (f)	가발	ga-bal
bigode (m)	콧수염	kot-su-yeom
barba (f)	턱수염	teok-su-yeom
usar, ter (~ barba, etc.)	기르다	gi-reu-da
trança (f)	땋은 머리	tta-eun meo-ri
suíças (f pl)	구레나룻	gu-re-na-rut
ruivo	빨강머리의	ppal-gang-meo-ri-ui
grisalho	흰머리의	huin-meo-ri-ui

calvo	대머리인	dae-meo-ri-in
calva (f)	땜통	ttaem-tong
rabo-de-cavalo (m)	말총머리	mal-chong-meo-ri
franja (f)	앞머리	am-meo-ri

25. Corpo humano

mão (f)	손	son
braço (m)	팔	pal
dedo (m)	손가락	son-ga-rak
polegar (m)	엄지손가락	eom-ji-son-ga-rak
dedo (m) mindinho	새끼손가락	sae-kki-son-ga-rak
unha (f)	손톱	son-top
punho (m)	주먹	ju-meok
palma (f) da mão	손바닥	son-ba-dak
pulso (m)	손목	son-mok
antebraço (m)	전박	jeon-bak
cotovelo (m)	팔꿈치	pal-kkum-chi
ombro (m)	어깨	eo-kkae
perna (f)	다리	da-ri
pé (m)	발	bal
joelho (m)	무릎	mu-reup
barriga (f) da perna	종아리	jong-a-ri
anca (f)	엉덩이	eong-deong-i
calcanhar (m)	발뒤꿈치	bal-dwi-kkum-chi
corpo (m)	몸	mom
barriga (f)	배	bae
peito (m)	가슴	ga-seum
seio (m)	가슴	ga-seum
lado (m)	옆구리	yeop-gu-ri
costas (f pl)	등	deung
região (f) lombar	허리	heo-ri
cintura (f)	허리	heo-ri
umbigo (m)	배꼽	bae-kkop
nádegas (f pl)	엉덩이	eong-deong-i
traseiro (m)	엉덩이	eong-deong-i
sinal (m)	점	jeom
sinal (m) de nascença	모반	mo-ban
tatuagem (f)	문신	mun-sin
cicatriz (f)	흉터	hyung-teo

Vestuário & Acessórios

26. Roupa exterior. Casacos

roupa (f)	옷	ot
roupa (f) exterior	겉옷	geo-tot
roupa (f) de inverno	겨울옷	gyeo-u-rot
sobretudo (m)	코트	ko-teu
casaco (m) de peles	모피 외투	mo-pi oe-tu
casaco curto (m) de peles	짧은 모피 외투	jjal-beun mo-pi oe-tu
casaco (m) acolchoado	패딩점퍼	pae-ding-jeom-peo
casaco, blusão (m)	재킷	jae-kit
impermeável (m)	트렌치코트	teu-ren-chi-ko-teu
impermeável	방수의	bang-su-ui

27. Vestuário de homem & mulher

camisa (f)	셔츠	syeo-cheu
calças (f pl)	바지	ba-ji
calças (f pl) de ganga	청바지	cheong-ba-ji
casaco (m) de fato	재킷	jae-kit
fato (m)	양복	yang-bok
vestido (ex. ~ vermelho)	드레스	deu-re-seu
saia (f)	치마	chi-ma
blusa (f)	블라우스	beul-la-u-seu
casaco (m) de malha	니트 재킷	ni-teu jae-kit
casaco, blazer (m)	재킷	jae-kit
T-shirt, camiseta (f)	티셔츠	ti-syeo-cheu
calções (Bermudas, etc.)	반바지	ban-ba-ji
fato (m) de treino	운동복	un-dong-bok
roupão (m) de banho	목욕가운	mo-gyok-ga-un
pijama (m)	파자마	pa-ja-ma
suéter (m)	스웨터	seu-we-teo
pulôver (m)	폴오버	pu-ro-beo
colete (m)	조끼	jo-kki
fraque (m)	연미복	yeon-mi-bok
smoking (m)	턱시도	teok-si-do
uniforme (m)	제복	je-bok
roupa (f) de trabalho	작업복	ja-geop-bok
fato-macaco (m)	작업바지	ja-geop-ba-ji
bata (~ branca, etc.)	가운	ga-un

28. Vestuário. Roupa interior

roupa (f) interior	속옷	so-got
camisola (f) interior	러닝 셔츠	reo-ning syeo-cheu
peúgas (f pl)	양말	yang-mal
camisa (f) de noite	잠옷	jam-ot
sutiã (m)	브라	beu-ra
meias longas (f pl)	무릎길이 스타킹	mu-reup-gi-ri seu-ta-king
meias-calças (f pl)	팬티 스타킹	paen-ti seu-ta-king
meias (f pl)	밴드 스타킹	baen-deu seu-ta-king
fato (m) de banho	수영복	su-yeong-bok

29. Adereços de cabeça

chapéu (m)	모자	mo-ja
chapéu (m) de feltro	중절모	jung-jeol-mo
boné (m) de beisebol	야구 모자	ya-gu mo-ja
boné (m)	플랫캡	peul-laet-kaep
boina (f)	베레모	be-re-mo
capuz (m)	후드	hu-deu
panamá (m)	파나마 모자	pa-na-ma mo-ja
gorro (m) de malha	니트 모자	ni-teu mo-ja
lenço (m)	스카프	seu-ka-peu
chapéu (m) de mulher	여성용 모자	yeo-seong-yong mo-ja
capacete (m) de proteção	안전모	an-jeon-mo
bivaque (m)	개리슨 캡	gae-ri-seun kaep
capacete (m)	헬멧	hel-met

30. Calçado

calçado (m)	신발	sin-bal
botinas (f pl)	구두	gu-du
sapatos (de salto alto, etc.)	구두	gu-du
botas (f pl)	부츠	bu-cheu
pantufas (f pl)	슬리퍼	seul-li-peo
ténis (m pl)	운동화	un-dong-hwa
sapatilhas (f pl)	스니커즈	seu-ni-keo-jeu
sandálias (f pl)	샌들	saen-deul
sapateiro (m)	구둣방	gu-dut-bang
salto (m)	굽	gup
par (m)	켤레	kyeol-le
atacador (m)	끈	kkeun
apertar os atacadores	끈을 매다	kkeu-neul mae-da
calçadeira (f)	구둣주걱	gu-dut-ju-geok
graxa (f) para calçado	구두약	gu-du-yak

31. Acessórios pessoais

luvas (f pl)	장갑	jang-gap
mitenes (f pl)	벙어리장갑	beong-eo-ri-jang-gap
cachecol (m)	목도리	mok-do-ri
óculos (m pl)	안경	an-gyeong
armação (f) de óculos	안경테	an-gyeong-te
guarda-chuva (m)	우산	u-san
bengala (f)	지팡이	ji-pang-i
escova (f) para o cabelo	빗, 솔빗	bit, sol-bit
leque (m)	부채	bu-chae
gravata (f)	넥타이	nek-ta-i
gravata-borboleta (f)	나비넥타이	na-bi-nek-ta-i
suspensórios (m pl)	멜빵	mel-ppang
lenço (m)	손수건	son-su-geon
pente (m)	빗	bit
travessão (m)	머리핀	meo-ri-pin
gancho (m) de cabelo	머리핀	meo-ri-pin
fivela (f)	버클	beo-keul
cinto (m)	벨트	bel-teu
correia (f)	어깨끈	eo-kkae-kkeun
mala (f)	가방	ga-bang
mala (f) de senhora	핸드백	haen-deu-baek
mochila (f)	배낭	bae-nang

32. Vestuário. Diversos

moda (f)	패션	pae-syeon
na moda	유행하는	yu-haeng-ha-neun
estilista (m)	패션 디자이너	pae-syeon di-ja-i-neo
colarinho (m), gola (f)	옷깃	ot-git
bolso (m)	주머니, 포켓	ju-meo-ni, po-ket
de bolso	주머니의	ju-meo-ni-ui
manga (f)	소매	so-mae
presilha (f)	거는 끈	geo-neun kkeun
braguilha (f)	바지 지퍼	ba-ji ji-peo
fecho (m) de correr	지퍼	ji-peo
fecho (m), colchete (m)	조임쇠	jo-im-soe
botão (m)	단추	dan-chu
casa (f) de botão	단춧 구멍	dan-chut gu-meong
saltar (vi) (botão, etc.)	떨어지다	tteo-reo-ji-da
coser, costurar (vi)	바느질하다	ba-neu-jil-ha-da
bordar (vt)	수놓다	su-no-ta
bordado (m)	자수	ja-su
agulha (f)	바늘	ba-neul

fio (m)	실	sil
costura (f)	솔기	sol-gi
sujar-se (vr)	더러워지다	deo-reo-wo-ji-da
mancha (f)	얼룩	eol-luk
engelhar-se (vr)	구겨지다	gu-gyeo-ji-da
rasgar (vt)	찢다	jjit-da
traça (f)	좀	jom

33. Cuidados pessoais. Cosméticos

pasta (f) de dentes	치약	chi-yak
escova (f) de dentes	칫솔	chit-sol
escovar os dentes	이를 닦다	i-reul dak-da
máquina (f) de barbear	면도기	myeon-do-gi
creme (m) de barbear	면도용 크림	myeon-do-yong keu-rim
barbear-se (vr)	깎다	kkak-da
sabonete (m)	비누	bi-nu
champô (m)	샴푸	syam-pu
tesoura (f)	가위	ga-wi
lima (f) de unhas	손톱줄	son-top-jul
corta-unhas (m)	손톱깎이	son-top-kka-kki
pinça (f)	족집게	jok-jip-ge
cosméticos (m pl)	화장품	hwa-jang-pum
máscara (f) facial	얼굴 마스크	eol-gul ma-seu-keu
manicura (f)	매니큐어	mae-ni-kyu-eo
fazer a manicura	매니큐어를 칠하다	mae-ni-kyu-eo-reul chil-ha-da
pedicure (f)	페디큐어	pe-di-kyu-eo
mala (f) de maquilhagem	화장품 가방	hwa-jang-pum ga-bang
pó (m)	분	bun
caixa (f) de pó	콤팩트	kom-paek-teu
blush (m)	블러셔	beul-leo-syeo
perfume (m)	향수	hyang-su
água (f) de toilette	화장수	hwa-jang-su
loção (f)	로션	ro-syeon
água-de-colónia (f)	오드콜로뉴	o-deu-kol-lo-nyu
sombra (f) de olhos	아이섀도	a-i-syae-do
lápis (m) delineador	아이라이너	a-i-ra-i-neo
máscara (f), rímel (m)	마스카라	ma-seu-ka-ra
batom (m)	립스틱	rip-seu-tik
verniz (m) de unhas	매니큐어	mae-ni-kyu-eo
laca (f) para cabelos	헤어 스프레이	he-eo seu-peu-re-i
desodorizante (m)	데오도란트	de-o-do-ran-teu
creme (m)	크림	keu-rim
creme (m) de rosto	얼굴 크림	eol-gul keu-rim

creme (m) de mãos	핸드 크림	haen-deu keu-rim
creme (m) antirrugas	주름제거 크림	ju-reum-je-geo keu-rim
de dia	낮의	na-jui
da noite	밤의	ba-mui
tampão (m)	탐폰	tam-pon
papel (m) higiénico	화장지	hwa-jang-ji
secador (m) elétrico	헤어 드라이어	he-eo deu-ra-i-eo

34. Relógios de pulso. Relógios

relógio (m) de pulso	손목 시계	son-mok si-gye
mostrador (m)	문자반	mun-ja-ban
ponteiro (m)	바늘	ba-neul
bracelete (f) em aço	금속제 시계줄	geum-sok-je si-gye-jul
bracelete (f) em pele	시계줄	si-gye-jul
pilha (f)	건전지	geon-jeon-ji
descarregar-se	나가다	na-ga-da
trocar a pilha	배터리를 갈다	bae-teo-ri-reul gal-da
estar adiantado	빨리 가다	ppal-li ga-da
estar atrasado	늦게 가다	neut-ge ga-da
relógio (m) de parede	벽시계	byeok-si-gye
ampulheta (f)	모래시계	mo-rae-si-gye
relógio (m) de sol	해시계	hae-si-gye
despertador (m)	알람 시계	al-lam si-gye
relojoeiro (m)	시계 기술자	si-gye gi-sul-ja
reparar (vt)	수리하다	su-ri-ha-da

Alimantaçáo. Nutriçáo

35. Comida

carne (f)	고기	go-gi
galinha (f)	닭고기	dak-go-gi
frango (m)	영계	yeong-gye
pato (m)	오리고기	o-ri-go-gi
ganso (m)	거위고기	geo-wi-go-gi
caça (f)	사냥감	sa-nyang-gam
peru (m)	칠면조고기	chil-myeon-jo-go-gi
carne (f) de porco	돼지고기	dwae-ji-go-gi
carne (f) de vitela	송아지 고기	song-a-ji go-gi
carne (f) de carneiro	양고기	yang-go-gi
carne (f) de vaca	소고기	so-go-gi
carne (f) de coelho	토끼고기	to-kki-go-gi
chouriço, salsichão (m)	소시지	so-si-ji
salsicha (f)	비엔나 소시지	bi-en-na so-si-ji
bacon (m)	베이컨	be-i-keon
fiambre (f)	햄	haem
presunto (m)	개먼	gae-meon
patê (m)	파테	pa-te
fígado (m)	간	gan
carne (f) moída	다진 고기	da-jin go-gi
língua (f)	혀	hyeo
ovo (m)	계란	gye-ran
ovos (m pl)	계란	gye-ran
clara (f) do ovo	흰자	huin-ja
gema (f) do ovo	노른자	no-reun-ja
peixe (m)	생선	saeng-seon
marisco (m)	해물	hae-mul
caviar (m)	캐비어	kae-bi-eo
caranguejo (m)	게	ge
camarão (m)	새우	sae-u
ostra (f)	굴	gul
lagosta (f)	대하	dae-ha
polvo (m)	문어	mun-eo
lula (f)	오징어	o-jing-eo
esturjão (m)	철갑상어	cheol-gap-sang-eo
salmão (m)	연어	yeon-eo
halibute (m)	넙치	neop-chi
bacalhau (m)	대구	dae-gu
cavala, sarda (f)	고등어	go-deung-eo

atum (m)	참치	cham-chi
enguia (f)	뱀장어	baem-jang-eo
truta (f)	송어	song-eo
sardinha (f)	정어리	jeong-eo-ri
lúcio (m)	강꼬치고기	gang-kko-chi-go-gi
arenque (m)	청어	cheong-eo
pão (m)	빵	ppang
queijo (m)	치즈	chi-jeu
açúcar (m)	설탕	seol-tang
sal (m)	소금	so-geum
arroz (m)	쌀	ssal
massas (f pl)	파스타	pa-seu-ta
talharim (m)	면	myeon
manteiga (f)	버터	beo-teo
óleo (m) vegetal	식물유	sing-mu-ryu
óleo (m) de girassol	해바라기유	hae-ba-ra-gi-yu
margarina (f)	마가린	ma-ga-rin
azeitonas (f pl)	올리브	ol-li-beu
azeite (m)	올리브유	ol-li-beu-yu
leite (m)	우유	u-yu
leite (m) condensado	연유	yeo-nyu
iogurte (m)	요구르트	yo-gu-reu-teu
nata (f)	사워크림	sa-wo-keu-rim
nata (f) do leite	크림	keu-rim
maionese (f)	마요네즈	ma-yo-ne-jeu
creme (m)	버터크림	beo-teo-keu-rim
grãos (m pl) de cereais	곡물	gong-mul
farinha (f)	밀가루	mil-ga-ru
enlatados (m pl)	통조림	tong-jo-rim
flocos (m pl) de milho	콘플레이크	kon-peul-le-i-keu
mel (m)	꿀	kkul
doce (m)	잼	jaem
pastilha (f) elástica	껌	kkeom

36. Bebidas

água (f)	물	mul
água (f) potável	음료수	eum-nyo-su
água (f) mineral	미네랄 워터	mi-ne-ral rwo-teo
sem gás	탄산 없는	tan-san neom-neun
gaseificada	탄산의	tan-sa-nui
com gás	탄산이 든	tan-san-i deun
gelo (m)	얼음	eo-reum
com gelo	얼음을 넣은	eo-reu-meul leo-eun

sem álcool	무알코올의	mu-al-ko-o-rui
bebida (f) sem álcool	청량음료	cheong-nyang-eum-nyo
refresco (m)	청량 음료	cheong-nyang eum-nyo
limonada (f)	레모네이드	re-mo-ne-i-deu
bebidas (f pl) alcoólicas	술	sul
vinho (m)	와인	wa-in
vinho (m) branco	백 포도주	baek po-do-ju
vinho (m) tinto	레드 와인	re-deu wa-in
licor (m)	리큐르	ri-kyu-reu
champanhe (m)	샴페인	syam-pe-in
vermute (m)	베르무트	be-reu-mu-teu
uísque (m)	위스키	wi-seu-ki
vodka (f)	보드카	bo-deu-ka
gim (m)	진	jin
conhaque (m)	코냑	ko-nyak
rum (m)	럼	reom
café (m)	커피	keo-pi
café (m) puro	블랙 커피	beul-laek keo-pi
café (m) com leite	밀크 커피	mil-keu keo-pi
cappuccino (m)	카푸치노	ka-pu-chi-no
café (m) solúvel	인스턴트 커피	in-seu-teon-teu keo-pi
leite (m)	우유	u-yu
coquetel (m)	칵테일	kak-te-il
batido (m) de leite	밀크 셰이크	mil-keu sye-i-keu
sumo (m)	주스	ju-seu
sumo (m) de tomate	토마토 주스	to-ma-to ju-seu
sumo (m) de laranja	오렌지 주스	o-ren-ji ju-seu
sumo (m) fresco	생과일주스	saeng-gwa-il-ju-seu
cerveja (f)	맥주	maek-ju
cerveja (f) clara	라거	ra-geo
cerveja (f) preta	흑맥주	heung-maek-ju
chá (m)	차	cha
chá (m) preto	홍차	hong-cha
chá (m) verde	녹차	nok-cha

37. Vegetais

legumes (m pl)	채소	chae-so
verduras (f pl)	녹황색 채소	nok-wang-saek chae-so
tomate (m)	토마토	to-ma-to
pepino (m)	오이	o-i
cenoura (f)	당근	dang-geun
batata (f)	감자	gam-ja
cebola (f)	양파	yang-pa
alho (m)	마늘	ma-neul

couve (f)	양배추	yang-bae-chu
couve-flor (f)	컬리플라워	keol-li-peul-la-wo
couve-de-bruxelas (f)	방울다다기 양배추	bang-ul-da-da-gi yang-bae-chu
brócolos (m pl)	브로콜리	beu-ro-kol-li
beterraba (f)	비트	bi-teu
beringela (f)	가지	ga-ji
curgete (f)	애호박	ae-ho-bak
abóbora (f)	호박	ho-bak
nabo (m)	순무	sun-mu
salsa (f)	파슬리	pa-seul-li
funcho, endro (m)	딜	dil
alface (f)	양상추	yang-sang-chu
aipo (m)	셀러리	sel-leo-ri
espargo (m)	아스파라거스	a-seu-pa-ra-geo-seu
espinafre (m)	시금치	si-geum-chi
ervilha (f)	완두	wan-du
fava (f)	콩	kong
milho (m)	옥수수	ok-su-su
feijão (m)	강낭콩	gang-nang-kong
pimentão (m)	피망	pi-mang
rabanete (m)	무	mu
alcachofra (f)	아티초크	a-ti-cho-keu

38. Frutos. Nozes

fruta (f)	과일	gwa-il
maçã (f)	사과	sa-gwa
pera (f)	배	bae
limão (m)	레몬	re-mon
laranja (f)	오렌지	o-ren-ji
morango (m)	딸기	ttal-gi
tangerina (f)	귤	gyul
ameixa (f)	자두	ja-du
pêssego (m)	복숭아	bok-sung-a
damasco (m)	살구	sal-gu
framboesa (f)	라즈베리	ra-jeu-be-ri
ananás (m)	파인애플	pa-in-ae-peul
banana (f)	바나나	ba-na-na
melancia (f)	수박	su-bak
uva (f)	포도	po-do
ginja (f)	신양	si-nyang
cereja (f)	양벚나무	yang-beon-na-mu
meloa (f)	멜론	mel-lon
toranja (f)	자몽	ja-mong
abacate (m)	아보카도	a-bo-ka-do
papaia (f)	파파야	pa-pa-ya

manga (f)	망고	mang-go
romã (f)	석류	seong-nyu

groselha (f) vermelha	레드커렌트	re-deu-keo-ren-teu
groselha (f) preta	블랙커렌트	beul-laek-keo-ren-teu
groselha (f) espinhosa	구스베리	gu-seu-be-ri
mirtilo (m)	빌베리	bil-be-ri
amora silvestre (f)	블랙베리	beul-laek-be-ri

uvas (f pl) passas	건포도	geon-po-do
figo (m)	무화과	mu-hwa-gwa
tâmara (f)	대추야자	dae-chu-ya-ja

amendoim (m)	땅콩	ttang-kong
amêndoa (f)	아몬드	a-mon-deu
noz (f)	호두	ho-du
avelã (f)	개암	gae-am
coco (m)	코코넛	ko-ko-neot
pistáchios (m pl)	피스타치오	pi-seu-ta-chi-o

39. Páo. Bolaria

pastelaria (f)	과자류	gwa-ja-ryu
pão (m)	빵	ppang
bolacha (f)	쿠키	ku-ki

chocolate (m)	초콜릿	cho-kol-lit
de chocolate	초콜릿의	cho-kol-lis-ui
rebuçado (m)	사탕	sa-tang
bolo (cupcake, etc.)	케이크	ke-i-keu
bolo (m) de aniversário	케이크	ke-i-keu

tarte (~ de maçã)	파이	pa-i
recheio (m)	속	sok

doce (m)	잼	jaem
geleia (f) de frutas	마멀레이드	ma-meol-le-i-deu
waffle (m)	와플	wa-peul
gelado (m)	아이스크림	a-i-seu-keu-rim

40. Pratos cozinhados

prato (m)	요리, 코스	yo-ri, ko-seu
cozinha (~ portuguesa)	요리	yo-ri
receita (f)	요리법	yo-ri-beop
porção (f)	분량	bul-lyang

salada (f)	샐러드	sael-leo-deu
sopa (f)	수프	su-peu

caldo (m)	육수	yuk-su
sandes (f)	샌드위치	saen-deu-wi-chi

ovos (m pl) estrelados	계란후라이	gye-ran-hu-ra-i
hambúrguer (m)	햄버거	haem-beo-geo
bife (m)	비프스테이크	bi-peu-seu-te-i-keu
conduto (m)	사이드 메뉴	sa-i-deu me-nyu
espaguete (m)	스파게티	seu-pa-ge-ti
puré (m) de batata	으깬 감자	eu-kkaen gam-ja
pizza (f)	피자	pi-ja
papa (f)	죽	juk
omelete (f)	오믈렛	o-meul-let
cozido em água	삶은	sal-meun
fumado	훈제된	hun-je-doen
frito	튀긴	twi-gin
seco	말린	mal-lin
congelado	얼린	eol-lin
em conserva	초절인	cho-jeo-rin
doce (açucarado)	단	dan
salgado	짠	jjan
frio	차가운	cha-ga-un
quente	뜨거운	tteu-geo-un
amargo	쓴	sseun
gostoso	맛있는	man-nin-neun
cozinhar (em água a ferver)	삶다	sam-da
fazer, preparar (vt)	요리하다	yo-ri-ha-da
fritar (vt)	부치다	bu-chi-da
aquecer (vt)	데우다	de-u-da
salgar (vt)	소금을 넣다	so-geu-meul leo-ta
apimentar (vt)	후추를 넣다	hu-chu-reul leo-ta
ralar (vt)	강판에 갈다	gang-pa-ne gal-da
casca (f)	껍질	kkeop-jil
descascar (vt)	껍질 벗기다	kkeop-jil beot-gi-da

41. Especiarias

sal (m)	소금	so-geum
salgado	짜	jja
salgar (vt)	소금을 넣다	so-geu-meul leo-ta
pimenta (f) preta	후추	hu-chu
pimenta (f) vermelha	고춧가루	go-chut-ga-ru
mostarda (f)	겨자	gyeo-ja
raiz-forte (f)	고추냉이	go-chu-naeng-i
condimento (m)	양념	yang-nyeom
especiaria (f)	향료	hyang-nyo
molho (m)	소스	so-seu
vinagre (m)	식초	sik-cho
anis (m)	아니스	a-ni-seu
manjericão (m)	바질	ba-jil

cravo (m)	정향	jeong-hyang
gengibre (m)	생강	saeng-gang
coentro (m)	고수	go-su
canela (f)	계피	gye-pi
sésamo (m)	깨	kkae
folhas (f pl) de louro	월계수잎	wol-gye-su-ip
páprica (f)	파프리카	pa-peu-ri-ka
cominho (m)	캐러웨이	kae-reo-we-i
açafrão (m)	사프란	sa-peu-ran

42. Refeições

comida (f)	음식	eum-sik
comer (vt)	먹다	meok-da
pequeno-almoço (m)	아침식사	a-chim-sik-sa
tomar o pequeno-almoço	아침을 먹다	a-chi-meul meok-da
almoço (m)	점심식사	jeom-sim-sik-sa
almoçar (vi)	점심을 먹다	jeom-si-meul meok-da
jantar (m)	저녁식사	jeo-nyeok-sik-sa
jantar (vi)	저녁을 먹다	jeo-nyeo-geul meok-da
apetite (m)	식욕	si-gyok
Bom apetite!	맛있게 드십시오!	man-nit-ge deu-sip-si-o!
abrir (~ uma lata, etc.)	열다	yeol-da
derramar (vt)	엎지르다	eop-ji-reu-da
derramar-se (vr)	쏟아지다	sso-da-ji-da
ferver (vi)	끓다	kkeul-ta
ferver (vt)	끓이다	kkeu-ri-da
fervido	끓인	kkeu-rin
arrefecer (vt)	식히다	sik-i-da
arrefecer-se (vr)	식다	sik-da
sabor, gosto (m)	맛	mat
gostinho (m)	뒷 맛	dwit mat
fazer dieta	살을 빼다	sa-reul ppae-da
dieta (f)	다이어트	da-i-eo-teu
vitamina (f)	비타민	bi-ta-min
caloria (f)	칼로리	kal-lo-ri
vegetariano (m)	채식주의자	chae-sik-ju-ui-ja
vegetariano	채식주의의	chae-sik-ju-ui-ui
gorduras (f pl)	지방	ji-bang
proteínas (f pl)	단백질	dan-baek-jil
carboidratos (m pl)	탄수화물	tan-su-hwa-mul
fatia (~ de limão, etc.)	조각	jo-gak
pedaço (~ de bolo)	조각	jo-gak
migalha (f)	부스러기	bu-seu-reo-gi

43. Por a mesa

colher (f)	숟가락	sut-ga-rak
faca (f)	나이프	na-i-peu
garfo (m)	포크	po-keu
chávena (f)	컵	keop
prato (m)	접시	jeop-si
pires (m)	받침 접시	bat-chim jeop-si
guardanapo (m)	냅킨	naep-kin
palito (m)	이쑤시개	i-ssu-si-gae

44. Restaurante

restaurante (m)	레스토랑	re-seu-to-rang
café (m)	커피숍	keo-pi-syop
bar (m), cervejaria (f)	바	ba
salão (m) de chá	카페, 티룸	ka-pe, ti-rum
empregado (m) de mesa	웨이터	we-i-teo
empregada (f) de mesa	웨이트리스	we-i-teu-ri-seu
barman (m)	바텐더	ba-ten-deo
ementa (f)	메뉴판	me-nyu-pan
lista (f) de vinhos	와인 메뉴	wa-in me-nyu
reservar uma mesa	테이블 예약을 하다	te-i-beul rye-ya-geul ha-da
prato (m)	요리, 코스	yo-ri, ko-seu
pedir (vt)	주문하다	ju-mun-ha-da
fazer o pedido	주문을 하다	ju-mu-neul ha-da
aperitivo (m)	아페리티프	a-pe-ri-ti-peu
entrada (f)	애피타이저	ae-pi-ta-i-jeo
sobremesa (f)	디저트	di-jeo-teu
conta (f)	계산서	gye-san-seo
pagar a conta	계산하다	gye-san-ha-da
dar o troco	거스름돈을 주다	geo-seu-reum-do-neul ju-da
gorjeta (f)	팁	tip

Família, parentes e amigos

45. Informação pessoal. Formulários

nome (m)	이름	i-reum
apelido (m)	성	seong
data (f) de nascimento	생년월일	saeng-nyeon-wo-ril
local (m) de nascimento	탄생지	tan-saeng-ji
nacionalidade (f)	국적	guk-jeok
lugar (m) de residência	거소	geo-so
país (m)	나라	na-ra
profissão (f)	직업	ji-geop
sexo (m)	성별	seong-byeol
estatura (f)	키	ki
peso (m)	몸무게	mom-mu-ge

46. Membros da família. Parentes

mãe (f)	어머니	eo-meo-ni
pai (m)	아버지	a-beo-ji
filho (m)	아들	a-deul
filha (f)	딸	ttal
filha (f) mais nova	작은딸	ja-geun-ttal
filho (m) mais novo	작은아들	ja-geun-a-deul
filha (f) mais velha	맏딸	mat-ttal
filho (m) mais velho	맏아들	ma-da-deul
irmão (m)	형제	hyeong-je
irmã (f)	자매	ja-mae
primo (m)	사촌 형제	sa-chon hyeong-je
prima (f)	사촌 자매	sa-chon ja-mae
mamã (f)	엄마	eom-ma
papá (m)	아빠	a-ppa
pais (pl)	부모	bu-mo
criança (f)	아이, 아동	a-i, a-dong
crianças (f pl)	아이들	a-i-deul
avó (f)	할머니	hal-meo-ni
avô (m)	할아버지	ha-ra-beo-ji
neto (m)	손자	son-ja
neta (f)	손녀	son-nyeo
netos (pl)	손자들	son-ja-deul
tio (m)	삼촌	sam-chon

sobrinho (m)	조카	jo-ka
sobrinha (f)	조카딸	jo-ka-ttal
sogra (f)	장모	jang-mo
sogro (m)	시아버지	si-a-beo-ji
genro (m)	사위	sa-wi
madrasta (f)	계모	gye-mo
padrasto (m)	계부	gye-bu
criança (f) de colo	영아	yeong-a
bebé (m)	아기	a-gi
menino (m)	꼬마	kko-ma
mulher (f)	아내	a-nae
marido (m)	남편	nam-pyeon
esposo (m)	배우자	bae-u-ja
esposa (f)	배우자	bae-u-ja
casado	결혼한	gyeol-hon-han
casada	결혼한	gyeol-hon-han
solteiro	미혼의	mi-hon-ui
solteirão (m)	미혼 남자	mi-hon nam-ja
divorciado	이혼한	i-hon-han
viúva (f)	과부	gwa-bu
viúvo (m)	홀아비	ho-ra-bi
parente (m)	친척	chin-cheok
parente (m) próximo	가까운 친척	ga-kka-un chin-cheok
parente (m) distante	먼 친척	meon chin-cheok
parentes (m pl)	친척들	chin-cheok-deul
órfão (m), órfã (f)	고아	go-a
tutor (m)	후견인	hu-gyeon-in
adotar (um filho)	입양하다	i-byang-ha-da
adotar (uma filha)	입양하다	i-byang-ha-da

Medicina

47. Doenças

doença (f)	병	byeong
estar doente	눕다	nup-da
saúde (f)	건강	geon-gang

nariz (m) a escorrer	비염	bi-yeom
amigdalite (f)	편도염	pyeon-do-yeom
constipação (f)	감기	gam-gi
constipar-se (vr)	감기에 걸리다	gam-gi-e geol-li-da

bronquite (f)	기관지염	gi-gwan-ji-yeom
pneumonia (f)	폐렴	pye-ryeom
gripe (f)	독감	dok-gam

míope	근시의	geun-si-ui
presbita	원시의	won-si-ui
estrabismo (m)	사시	sa-si
estrábico	사시인	sa-si-in
catarata (f)	백내장	baeng-nae-jang
glaucoma (m)	녹내장	nong-nae-jang

AVC (m), apoplexia (f)	뇌졸증	noe-jol-jung
ataque (m) cardíaco	심장마비	sim-jang-ma-bi
enfarte (m) do miocárdio	심근경색증	sim-geun-gyeong-saek-jeung
paralisia (f)	마비	ma-bi
paralisar (vt)	마비되다	ma-bi-doe-da

alergia (f)	알레르기	al-le-reu-gi
asma (f)	천식	cheon-sik
diabetes (f)	당뇨병	dang-nyo-byeong

dor (f) de dentes	치통, 이앓이	chi-tong, i-a-ri
cárie (f)	충치	chung-chi

diarreia (f)	설사	seol-sa
prisão (f) de ventre	변비증	byeon-bi-jeung
desarranjo (m) intestinal	배탈	bae-tal
intoxicação (f) alimentar	식중독	sik-jung-dok
intoxicar-se	식중독에 걸리다	sik-jung-do-ge geol-li-da

artrite (f)	관절염	gwan-jeo-ryeom
raquitismo (m)	구루병	gu-ru-byeong
reumatismo (m)	류머티즘	ryu-meo-ti-jeum

gastrite (f)	위염	wi-yeom
apendicite (f)	맹장염	maeng-jang-yeom
colecistite (f)	담낭염	dam-nang-yeom

úlcera (f)	궤양	gwe-yang
sarampo (m)	홍역	hong-yeok
rubéola (f)	풍진	pung-jin
iterícia (f)	황달	hwang-dal
hepatite (f)	간염	gan-nyeom
esquizofrenia (f)	정신 분열증	jeong-sin bu-nyeol-jeung
raiva (f)	광견병	gwang-gyeon-byeong
neurose (f)	신경증	sin-gyeong-jeung
comoção (f) cerebral	뇌진탕	noe-jin-tang
cancro (m)	암	am
esclerose (f)	경화증	gyeong-hwa-jeung
esclerose (f) múltipla	다발성 경화증	da-bal-seong gyeong-hwa-jeung
alcoolismo (m)	알코올 중독	al-ko-ol jung-dok
alcoólico (m)	알코올 중독자	al-ko-ol jung-dok-ja
sífilis (f)	매독	mae-dok
SIDA (f)	에이즈	e-i-jeu
tumor (m)	종양	jong-yang
maligno	악성의	ak-seong-ui
benigno	양성의	yang-seong-ui
febre (f)	열병	yeol-byeong
malária (f)	말라리아	mal-la-ri-a
gangrena (f)	피저	goe-jeo
enjoo (m)	뱃멀미	baen-meol-mi
epilepsia (f)	간질	gan-jil
epidemia (f)	유행병	yu-haeng-byeong
tifo (m)	발진티푸스	bal-jin-ti-pu-seu
tuberculose (f)	결핵	gyeol-haek
cólera (f)	콜레라	kol-le-ra
peste (f)	페스트	pe-seu-teu

48. Simtomas. Tratamentos. Parte 1

sintoma (m)	증상	jeung-sang
temperatura (f)	체온	che-on
febre (f)	열	yeol
pulso (m)	맥박	maek-bak
vertigem (f)	현기증	hyeon-gi-jeung
quente (testa, etc.)	뜨거운	tteu-geo-un
calafrio (m)	전율	jeo-nyul
pálido	창백한	chang-baek-an
tosse (f)	기침	gi-chim
tossir (vi)	기침을 하다	gi-chi-meul ha-da
espirrar (vi)	재채기하다	jae-chae-gi-ha-da
desmaio (m)	실신	sil-sin
desmaiar (vi)	실신하다	sil-sin-ha-da

nódoa (f) negra	멍	meong
galo (m)	혹	hok
magoar-se (vr)	부딪치다	bu-dit-chi-da
pisadura (f)	타박상	ta-bak-sang
aleijar-se (vr)	타박상을 입다	ta-bak-sang-eul rip-da
coxear (vi)	절다	jeol-da
deslocação (f)	탈구	tal-gu
deslocar (vt)	탈구하다	tal-gu-ha-da
fratura (f)	골절	gol-jeol
fraturar (vt)	골절하다	gol-jeol-ha-da
corte (m)	베인	be-in
cortar-se (vr)	베다	jeol-chang-eul rip-da
hemorragia (f)	출혈	chul-hyeol
queimadura (f)	화상	hwa-sang
queimar-se (vr)	데다	de-da
picar (vt)	찌르다	jji-reu-da
picar-se (vr)	찔리다	jjil-li-da
lesionar (vt)	다치다	da-chi-da
lesão (m)	부상	bu-sang
ferida (f), ferimento (m)	부상	bu-sang
trauma (m)	정신적 외상	jeong-sin-jeok goe-sang
delirar (vi)	망상을 겨다	mang-sang-eul gyeok-da
gaguejar (vi)	말을 더듬다	ma-reul deo-deum-da
insolação (f)	일사병	il-sa-byeong

49. Simtomas. Tratamentos. Parte 2

dor (f)	통증	tong-jeung
farpa (no dedo)	가시	ga-si
suor (m)	땀	ttam
suar (vi)	땀이 나다	ttam-i na-da
vómito (m)	구토	gu-to
convulsões (f pl)	경련	gyeong-nyeon
grávida	임신한	im-sin-han
nascer (vi)	태어나다	tae-eo-na-da
parto (m)	출산	chul-san
dar à luz	낳다	na-ta
aborto (m)	낙태	nak-tae
respiração (f)	호흡	ho-heup
inspiração (f)	들숨	deul-sum
expiração (f)	날숨	nal-sum
expirar (vi)	내쉬다	nae-swi-da
inspirar (vi)	들이쉬다	deu-ri-swi-da
inválido (m)	장애인	jang-ae-in
aleijado (m)	병신	byeong-sin

toxicodependente (m)	마약 중독자	ma-yak jung-dok-ja
surdo	귀가 먼	gwi-ga meon
mudo	벙어리인	beong-eo-ri-in
surdo-mudo	농아인	nong-a-in
louco (adj.)	미친	mi-chin
louco (m)	광인	gwang-in
louca (f)	광인	gwang-in
ficar louco	미치다	mi-chi-da
gene (m)	유전자	yu-jeon-ja
imunidade (f)	면역성	myeo-nyeok-seong
hereditário	유전의	yu-jeon-ui
congénito	선천적인	seon-cheon-jeo-gin
vírus (m)	바이러스	ba-i-reo-seu
micróbio (m)	미생물	mi-saeng-mul
bactéria (f)	세균	se-gyun
infeção (f)	감염	gam-nyeom

50. Simtomas. Tratamentos. Parte 3

hospital (m)	병원	byeong-won
paciente (m)	환자	hwan-ja
diagnóstico (m)	진단	jin-dan
cura (f)	치료	chi-ryo
curar-se (vr)	치료를 받다	chi-ryo-reul bat-da
tratar (vt)	치료하다	chi-ryo-ha-da
cuidar (pessoa)	간호하다	gan-ho-ha-da
cuidados (m pl)	간호	gan-ho
operação (f)	수술	su-sul
enfaixar (vt)	붕대를 감다	bung-dae-reul gam-da
ligadura (f)	붕대	bung-dae
vacinação (f)	예방주사	ye-bang-ju-sa
vacinar (vt)	접종하다	jeop-jong-ha-da
injeção (f)	주사	ju-sa
dar uma injeção	주사하다	ju-sa-ha-da
amputação (f)	절단	jeol-dan
amputar (vt)	절단하다	jeol-dan-ha-da
coma (f)	혼수 상태	hon-su sang-tae
estar em coma	혼수 상태에 있다	hon-su sang-tae-e it-da
reanimação (f)	집중 치료	jip-jung chi-ryo
recuperar-se (vr)	회복하다	hoe-bok-a-da
estado (~ de saúde)	상태	sang-tae
consciência (f)	의식	ui-sik
memória (f)	기억	gi-eok
tirar (vt)	빼다	ppae-da
chumbo (m), obturação (f)	충전물	chung-jeon-mul

chumbar, obturar (vt)	때우다	ttae-u-da
hipnose (f)	최면	choe-myeon
hipnotizar (vt)	최면을 걸다	choe-myeo-neul geol-da

51. Médicos

médico (m)	의사	ui-sa
enfermeira (f)	간호사	gan-ho-sa
médico (m) pessoal	개인 의사	gae-in ui-sa
dentista (m)	치과 의사	chi-gwa ui-sa
oculista (m)	안과 의사	an-gwa ui-sa
terapeuta (m)	내과 의사	nae-gwa ui-sa
cirurgião (m)	외과 의사	oe-gwa ui-sa
psiquiatra (m)	정신과 의사	jeong-sin-gwa ui-sa
pediatra (m)	소아과 의사	so-a-gwa ui-sa
psicólogo (m)	심리학자	sim-ni-hak-ja
ginecologista (m)	부인과 의사	bu-in-gwa ui-sa
cardiologista (m)	심장병 전문의	sim-jang-byeong jeon-mun-ui

52. Medicina. Drogas. Acessórios

medicamento (m)	약	yak
remédio (m)	약제	yak-je
receita (f)	처방	cheo-bang
comprimido (m)	정제	jeong-je
pomada (f)	연고	yeon-go
ampola (f)	앰플	aem-pul
preparado (m)	혼합물	hon-ham-mul
xarope (m)	물약	mul-lyak
cápsula (f)	알약	a-ryak
remédio (m) em pó	가루약	ga-ru-yak
ligadura (f)	거즈 붕대	geo-jeu bung-dae
algodão (m)	솜	som
iodo (m)	요오드	yo-o-deu
penso (m) rápido	반창고	ban-chang-go
conta-gotas (f)	점안기	jeom-an-gi
termómetro (m)	체온계	che-on-gye
seringa (f)	주사기	ju-sa-gi
cadeira (f) de rodas	휠체어	hwil-che-eo
muletas (f pl)	목발	mok-bal
analgésico (m)	진통제	jin-tong-je
laxante (m)	완하제	wan-ha-je
álcool (m) etílico	알코올	al-ko-ol
ervas (f pl) medicinais	약초	yak-cho
de ervas (chá ~)	약초의	yak-cho-ui

HABITAT HUMANO

Cidade

53. Cidade. Vida na cidade

cidade (f)	도시	do-si
capital (f)	수도	su-do
aldeia (f)	마을	ma-eul
mapa (m) da cidade	도시 지도	do-si ji-do
centro (m) da cidade	시내	si-nae
subúrbio (m)	근교	geun-gyo
suburbano	근교의	geun-gyo-ui
arredores (m pl)	주변	ju-byeon
quarteirão (m)	한 구획	han gu-hoek
quarteirão (m) residencial	동	dong
tráfego (m)	교통	gyo-tong
semáforo (m)	신호등	sin-ho-deung
transporte (m) público	대중교통	dae-jung-gyo-tong
cruzamento (m)	교차로	gyo-cha-ro
passadeira (f)	횡단 보도	hoeng-dan bo-do
passagem (f) subterrânea	지하 보도	ji-ha bo-do
cruzar, atravessar (vt)	건너가다	geon-neo-ga-da
peão (m)	보행자	bo-haeng-ja
passeio (m)	인도	in-do
ponte (f)	다리	da-ri
margem (f) do rio	강변로	gang-byeon-no
alameda (f)	길	gil
parque (m)	공원	gong-won
bulevar (m)	대로	dae-ro
praça (f)	광장	gwang-jang
avenida (f)	가로	ga-ro
rua (f)	거리	geo-ri
travessa (f)	골목	gol-mok
beco (m) sem saída	막다른길	mak-da-reun-gil
casa (f)	집	jip
edifício, prédio (m)	빌딩	bil-ding
arranha-céus (m)	고층 건물	go-cheung geon-mul
fachada (f)	전면	jeon-myeon
telhado (m)	지붕	ji-bung
janela (f)	창문	chang-mun

arco (m)	아치	a-chi
coluna (f)	기둥	gi-dung
esquina (f)	모퉁이	mo-tung-i
montra (f)	쇼윈도우	syo-win-do-u
letreiro (m)	간판	gan-pan
cartaz (m)	포스터	po-seu-teo
cartaz (m) publicitário	광고 포스터	gwang-go po-seu-teo
painel (m) publicitário	광고판	gwang-go-pan
lixo (m)	쓰레기	sseu-re-gi
cesta (f) do lixo	쓰레기통	sseu-re-gi-tong
aterro (m) sanitário	쓰레기장	sseu-re-gi-jang
cabine (f) telefónica	공중 전화	gong-jung jeon-hwa
candeeiro (m) de rua	가로등	ga-ro-deung
banco (m)	벤치	ben-chi
polícia (m)	경찰관	gyeong-chal-gwan
polícia (instituição)	경찰	gyeong-chal
mendigo (m)	거지	geo-ji
sem-abrigo (m)	노숙자	no-suk-ja

54. Instituições urbanas

loja (f)	가게, 상점	ga-ge, sang-jeom
farmácia (f)	약국	yak-guk
ótica (f)	안경 가게	an-gyeong ga-ge
centro (m) comercial	쇼핑몰	syo-ping-mol
supermercado (m)	슈퍼마켓	syu-peo-ma-ket
padaria (f)	빵집	ppang-jip
padeiro (m)	제빵사	je-ppang-sa
pastelaria (f)	제과점	je-gwa-jeom
mercearia (f)	식료품점	sing-nyo-pum-jeom
talho (m)	정육점	jeong-yuk-jeom
loja (f) de legumes	야채 가게	ya-chae ga-ge
mercado (m)	시장	si-jang
café (m)	커피숍	keo-pi-syop
restaurante (m)	레스토랑	re-seu-to-rang
bar (m), cervejaria (f)	바	ba
pizzaria (f)	피자 가게	pi-ja ga-ge
salão (m) de cabeleireiro	미장원	mi-jang-won
correios (m pl)	우체국	u-che-guk
lavandaria (f)	드라이 클리닝	deu-ra-i keul-li-ning
estúdio (m) fotográfico	사진관	sa-jin-gwan
sapataria (f)	신발 가게	sin-bal ga-ge
livraria (f)	서점	seo-jeom
loja (f) de artigos de desporto	스포츠용품 매장	seu-po-cheu-yong-pum mae-jang

reparação (f) de roupa	옷 수선 가게	ot su-seon ga-ge
aluguer (m) de roupa	의류 임대	ui-ryu im-dae
aluguer (m) de filmes	비디오 대여	bi-di-o dae-yeo
circo (m)	서커스	seo-keo-seu
jardim (m) zoológico	동물원	dong-mu-rwon
cinema (m)	영화관	yeong-hwa-gwan
museu (m)	박물관	bang-mul-gwan
biblioteca (f)	도서관	do-seo-gwan
teatro (m)	극장	geuk-jang
ópera (f)	오페라극장	o-pe-ra-geuk-jang
clube (m) noturno	나이트 클럽	na-i-teu keul-leop
casino (m)	카지노	ka-ji-no
mesquita (f)	모스크	mo-seu-keu
sinagoga (f)	유대교 회당	yu-dae-gyo hoe-dang
catedral (f)	대성당	dae-seong-dang
templo (m)	사원, 신전	sa-won, sin-jeon
igreja (f)	교회	gyo-hoe
instituto (m)	단과대학	dan-gwa-dae-hak
universidade (f)	대학교	dae-hak-gyo
escola (f)	학교	hak-gyo
prefeitura (f)	도, 현	do, hyeon
câmara (f) municipal	시청	si-cheong
hotel (m)	호텔	ho-tel
banco (m)	은행	eun-haeng
embaixada (f)	대사관	dae-sa-gwan
agência (f) de viagens	여행사	yeo-haeng-sa
agência (f) de informações	안내소	an-nae-so
casa (f) de câmbio	환전소	hwan-jeon-so
metro (m)	지하철	ji-ha-cheol
hospital (m)	병원	byeong-won
posto (m) de gasolina	주유소	ju-yu-so
parque (m) de estacionamento	주차장	ju-cha-jang

55. Sinais

letreiro (m)	간판	gan-pan
inscrição (f)	안내문	an-nae-mun
cartaz, póster (m)	포스터	po-seu-teo
sinal (m) informativo	방향표시	bang-hyang-pyo-si
seta (f)	화살표	hwa-sal-pyo
aviso (advertência)	경고	gyeong-go
sinal (m) de aviso	경고판	gyeong-go-pan
avisar, advertir (vt)	경고하다	gyeong-go-ha-da
dia (m) de folga	휴일	hyu-il
horário (m)	시간표	si-gan-pyo

horário (m) de funcionamento	영업 시간	yeong-eop si-gan
BEM-VINDOS!	어서 오세요!	eo-seo o-se-yo!
ENTRADA	입구	ip-gu
SAÍDA	출구	chul-gu
EMPURRE	미세요	mi-se-yo
PUXE	당기세요	dang-gi-se-yo
ABERTO	열림	yeol-lim
FECHADO	닫힘	da-chim
MULHER	여성전용	yeo-seong-jeo-nyong
HOMEM	남성	nam-seong-jeo-nyong
DESCONTOS	할인	ha-rin
SALDOS	세일	se-il
NOVIDADE!	신상품	sin-sang-pum
GRÁTIS	공짜	gong-jja
ATENÇÃO!	주의!	ju-ui!
NÃO HÁ VAGAS	빈 방 없음	bin bang eop-seum
RESERVADO	예약석	ye-yak-seok
ADMINISTRAÇÃO	관리부	gwal-li-bu
SOMENTE PESSOAL AUTORIZADO	직원 전용	ji-gwon jeo-nyong
CUIDADO CÃO FEROZ	개조심	gae-jo-sim
PROIBIDO FUMAR!	금연	geu-myeon
NÃO TOCAR	손 대지 마시오!	son dae-ji ma-si-o!
PERIGOSO	위험	wi-heom
PERIGO	위험	wi-heom
ALTA TENSÃO	고전압	go-jeon-ap
PROIBIDO NADAR	수영 금지	su-yeong geum-ji
AVARIADO	수리중	su-ri-jung
INFLAMÁVEL	가연성 물자	ga-yeon-seong mul-ja
PROIBIDO	금지	geum-ji
ENTRADA PROIBIDA	출입 금지	chu-rip geum-ji
CUIDADO TINTA FRESCA	칠 주의	chil ju-ui

56. Transportes urbanos

autocarro (m)	버스	beo-seu
elétrico (m)	전차	jeon-cha
troleicarro (m)	트롤리 버스	teu-rol-li beo-seu
itinerário (m)	노선	no-seon
número (m)	번호	beon-ho
ir de ... (carro, etc.)	... 타고 가다	... ta-go ga-da
entrar (~ no autocarro)	타다	ta-da
descer de ...	... 에서 내리다	... e-seo nae-ri-da
paragem (f)	정류장	jeong-nyu-jang
próxima paragem (f)	다음 정류장	da-eum jeong-nyu-jang

ponto (m) final	종점	jong-jeom
horário (m)	시간표	si-gan-pyo
esperar (vt)	기다리다	gi-da-ri-da
bilhete (m)	표	pyo
custo (m) do bilhete	요금	yo-geum
bilheteiro (m)	계산원	gye-san-won
controlo (m) dos bilhetes	검표	geom-pyo
revisor (m)	검표원	geom-pyo-won
atrasar-se (vr)	… 시간에 늦다	… si-gan-e neut-da
perder (o autocarro, etc.)	놓치다	no-chi-da
estar com pressa	서두르다	seo-du-reu-da
táxi (m)	택시	taek-si
taxista (m)	택시 운전 기사	taek-si un-jeon gi-sa
de táxi (ir ~)	택시로	taek-si-ro
praça (f) de táxis	택시 정류장	taek-si jeong-nyu-jang
chamar um táxi	택시를 부르다	taek-si-reul bu-reu-da
apanhar um táxi	택시를 타다	taek-si-reul ta-da
tráfego (m)	교통	gyo-tong
engarrafamento (m)	교통 체증	gyo-tong che-jeung
horas (f pl) de ponta	러시 아워	reo-si a-wo
estacionar (vi)	주차하다	ju-cha-ha-da
estacionar (vt)	주차하다	ju-cha-ha-da
parque (m) de estacionamento	주차장	ju-cha-jang
metro (m)	지하철	ji-ha-cheol
estação (f)	역	yeok
ir de metro	지하철을 타다	ji-ha-cheo-reul ta-da
comboio (m)	기차	gi-cha
estação (f)	기차역	gi-cha-yeok

57. Turismo

monumento (m)	기념비	gi-nyeom-bi
fortaleza (f)	요새	yo-sae
palácio (m)	궁전	gung-jeon
castelo (m)	성	seong
torre (f)	탑	tap
mausoléu (m)	영묘	yeong-myo
arquitetura (f)	건축	geon-chuk
medieval	중세의	jung-se-ui
antigo	고대의	go-dae-ui
nacional	국가의	guk-ga-ui
conhecido	유명한	yu-myeong-han
turista (m)	관광객	gwan-gwang-gaek
guia (pessoa)	가이드	ga-i-deu
excursão (f)	견학, 관광	gyeon-hak, gwan-gwang
mostrar (vt)	보여주다	bo-yeo-ju-da

contar (vt)	이야기하다	i-ya-gi-ha-da
encontrar (vt)	찾다	chat-da
perder-se (vr)	길을 잃다	gi-reul ril-ta
mapa (~ do metrô)	노선도	no-seon-do
mapa (~ da cidade)	지도	ji-do
lembrança (f), presente (m)	기념품	gi-nyeom-pum
loja (f) de presentes	기념품 가게	gi-nyeom-pum ga-ge
fotografar (vt)	사진을 찍다	sa-ji-neul jjik-da
fotografar-se	사진을 찍다	sa-ji-neul jjik-da

58. Compras

comprar (vt)	사다	sa-da
compra (f)	구매	gu-mae
fazer compras	쇼핑하다	syo-ping-ha-da
compras (f pl)	쇼핑	syo-ping
estar aberta (loja, etc.)	열리다	yeol-li-da
estar fechada	닫다	dat-da
calçado (m)	신발	sin-bal
roupa (f)	옷	ot
cosméticos (m pl)	화장품	hwa-jang-pum
alimentos (m pl)	식품	sik-pum
presente (m)	선물	seon-mul
vendedor (m)	판매원	pan-mae-won
vendedora (f)	여판매원	yeo-pan-mae-won
caixa (f)	계산대	gye-san-dae
espelho (m)	거울	geo-ul
balcão (m)	계산대	gye-san-dae
cabine (f) de provas	탈의실	ta-rui-sil
provar (vt)	입어보다	i-beo-bo-da
servir (vi)	어울리다	eo-ul-li-da
gostar (apreciar)	좋아하다	jo-a-ha-da
preço (m)	가격	ga-gyeok
etiqueta (f) de preço	가격표	ga-gyeok-pyo
custar (vt)	값이 … 이다	gap-si … i-da
Quanto?	얼마?	eol-ma?
desconto (m)	할인	ha-rin
não caro	비싸지 않은	bi-ssa-ji a-neun
barato	싼	ssan
caro	비싼	bi-ssan
É caro	비쌉니다	bi-ssam-ni-da
aluguer (m)	임대	im-dae
alugar (vestidos, etc.)	빌리다	bil-li-da
crédito (m)	신용	si-nyong
a crédito	신용으로	si-nyong-eu-ro

59. Dinheiro

Português	Coreano	Romanização
dinheiro (m)	돈	don
câmbio (m)	환전	hwan-jeon
taxa (f) de câmbio	환율	hwa-nyul
Caixa Multibanco (m)	현금 자동 지급기	hyeon-geum ja-dong ji-geup-gi
moeda (f)	동전	dong-jeon
dólar (m)	달러	dal-leo
euro (m)	유로	yu-ro
lira (f)	리라	ri-ra
marco (m)	마르크	ma-reu-keu
franco (m)	프랑	peu-rang
libra (f) esterlina	파운드	pa-un-deu
iene (m)	엔	en
dívida (f)	빚	bit
devedor (m)	채무자	chae-mu-ja
emprestar (vt)	빌려주다	bil-lyeo-ju-da
pedir emprestado	빌리다	bil-li-da
banco (m)	은행	eun-haeng
conta (f)	계좌	gye-jwa
depositar na conta	계좌에 입금하다	ip-geum-ha-da
levantar (vt)	출금하다	chul-geum-ha-da
cartão (m) de crédito	신용 카드	si-nyong ka-deu
dinheiro (m) vivo	현금	hyeon-geum
cheque (m)	수표	su-pyo
passar um cheque	수표를 끊다	su-pyo-reul kkeun-ta
livro (m) de cheques	수표책	su-pyo-chaek
carteira (f)	지갑	ji-gap
porta-moedas (m)	동전지갑	dong-jeon-ji-gap
cofre (m)	금고	geum-go
herdeiro (m)	상속인	sang-so-gin
herança (f)	유산	yu-san
fortuna (riqueza)	재산, 큰돈	jae-san, keun-don
arrendamento (m)	임대	im-dae
renda (f) de casa	집세	jip-se
alugar (vt)	임대하다	im-dae-ha-da
preço (m)	가격	ga-gyeok
custo (m)	비용	bi-yong
soma (f)	액수	aek-su
gastar (vt)	쓰다	sseu-da
gastos (m pl)	출비를	chul-bi-reul
economizar (vi)	절약하다	jeo-ryak-a-da
económico	경제적인	gyeong-je-jeo-gin
pagar (vt)	지불하다	ji-bul-ha-da

pagamento (m)	지불	ji-bul
troco (m)	거스름돈	geo-seu-reum-don
imposto (m)	세금	se-geum
multa (f)	벌금	beol-geum
multar (vt)	벌금을 부과하다	beol-geu-meul bu-gwa-ha-da

60. Correios. Serviço postal

correios (m pl)	우체국	u-che-guk
correio (m)	우편물	u-pyeon-mul
carteiro (m)	우체부	u-che-bu
horário (m)	영업 시간	yeong-eop si-gan
carta (f)	편지	pyeon-ji
carta (f) registada	등기 우편	deung-gi u-pyeon
postal (m)	엽서	yeop-seo
telegrama (m)	전보	jeon-bo
encomenda (f) postal	소포	so-po
remessa (f) de dinheiro	송금	song-geum
receber (vt)	받다	bat-da
enviar (vt)	보내다	bo-nae-da
envio (m)	발송	bal-song
endereço (m)	주소	ju-so
código (m) postal	우편 번호	u-pyeon beon-ho
remetente (m)	발송인	bal-song-in
destinatário (m)	수신인	su-sin-in
nome (m)	이름	i-reum
apelido (m)	성	seong
tarifa (f)	요금	yo-geum
normal	일반의	il-ba-nui
económico	경제적인	gyeong-je-jeo-gin
peso (m)	무게	mu-ge
pesar (estabelecer o peso)	무게를 달다	mu-ge-reul dal-da
envelope (m)	봉투	bong-tu
selo (m)	우표	u-pyo

Moradia. Casa. Lar

61. Casa. Eletricidade

eletricidade (f)	전기	jeon-gi
lâmpada (f)	전구	jeon-gu
interruptor (m)	스위치	seu-wi-chi
fusível (m)	퓨즈	pyu-jeu
fio, cabo (m)	전선	jeon-seon
instalação (f) elétrica	배선	bae-seon
contador (m) de eletricidade	전기 계량기	jeon-gi gye-ryang-gi
leitura (f)	판독값	pan-dok-gap

62. Moradia. Mansão

casa (f) de campo	시외 주택	si-oe ju-taek
vila (f)	별장	byeol-jang
ala (~ do edifício)	동	dong
jardim (m)	정원	jeong-won
parque (m)	공원	gong-won
estufa (f)	열대온실	yeol-dae-on-sil
cuidar de ...	... 을 맡다	... eul mat-da
piscina (f)	수영장	su-yeong-jang
ginásio (m)	헬스장	hel-seu-jang
campo (m) de ténis	테니스장	te-ni-seu-jang
cinema (m)	홈씨어터	hom-ssi-eo-teo
garagem (f)	차고	cha-go
propriedade (f) privada	개인 소유물	gae-in so-yu-mul
terreno (m) privado	사유 토지	sa-yu to-ji
advertência (f)	경고	gyeong-go
sinal (m) de aviso	경고판	gyeong-go-pan
guarda (f)	보안	bo-an
guarda (m)	보안요원	bo-a-nyo-won
alarme (m)	도난 경보기	do-nan gyeong-bo-gi

63. Apartamento

apartamento (m)	아파트	a-pa-teu
quarto (m)	방	bang
quarto (m) de dormir	침실	chim-sil

sala (f) de jantar	식당	sik-dang
sala (f) de estar	거실	geo-sil
escritório (m)	서재	seo-jae
antessala (f)	곁방	gyeot-bang
quarto (m) de banho	욕실	yok-sil
toilette (lavabo)	화장실	hwa-jang-sil
teto (m)	천장	cheon-jang
chão, soalho (m)	마루	ma-ru
canto (m)	구석	gu-seok

64. Mobiliário. Interior

mobiliário (m)	가구	ga-gu
mesa (f)	식탁, 테이블	sik-tak, te-i-beul
cadeira (f)	의자	ui-ja
cama (f)	침대	chim-dae
divã (m)	소파	so-pa
cadeirão (m)	안락 의자	al-lak gui-ja
estante (f)	책장	chaek-jang
prateleira (f)	책꽂이	chaek-kko-ji
guarda-vestidos (m)	옷장	ot-jang
cabide (m) de parede	옷걸이	ot-geo-ri
cabide (m) de pé	스탠드옷걸이	seu-taen-deu-ot-geo-ri
cómoda (f)	서랍장	seo-rap-jang
mesinha (f) de centro	커피 테이블	keo-pi te-i-beul
espelho (m)	거울	geo-ul
tapete (m)	양탄자	yang-tan-ja
tapete (m) pequeno	러그	reo-geu
lareira (f)	벽난로	byeong-nan-no
vela (f)	초	cho
castiçal (m)	촛대	chot-dae
cortinas (f pl)	커튼	keo-teun
papel (m) de parede	벽지	byeok-ji
estores (f pl)	블라인드	beul-la-in-deu
candeeiro (m) de mesa	테이블 램프	deung
candeeiro (m) de parede	벽등	byeok-deung
candeeiro (m) de pé	플로어 스탠드	peul-lo-eo seu-taen-deu
lustre (m)	샹들리에	syang-deul-li-e
perna (da cadeira, etc.)	다리	da-ri
braço (m)	팔걸이	pal-geo-ri
costas (f pl)	등받이	deung-ba-ji
gaveta (f)	서랍	seo-rap

65. Quarto de dormir

roupa (f) de cama	침구	chim-gu
almofada (f)	베개	be-gae
fronha (f)	베갯잇	be-gaen-nit
cobertor (m)	이불	i-bul
lençol (m)	시트	si-teu
colcha (f)	침대보	chim-dae-bo

66. Cozinha

cozinha (f)	부엌	bu-eok
gás (m)	가스	ga-seu
fogão (m) a gás	가스 레인지	ga-seu re-in-ji
fogão (m) elétrico	전기 레인지	jeon-gi re-in-ji
forno (m)	오븐	o-beun
forno (m) de micro-ondas	전자 레인지	jeon-ja re-in-ji
frigorífico (m)	냉장고	naeng-jang-go
congelador (m)	냉동고	naeng-dong-go
máquina (f) de lavar louça	식기 세척기	sik-gi se-cheok-gi
moedor (m) de carne	고기 분쇄기	go-gi bun-swae-gi
espremedor (m)	과즙기	gwa-jeup-gi
torradeira (f)	토스터	to-seu-teo
batedeira (f)	믹서기	mik-seo-gi
máquina (f) de café	커피 메이커	keo-pi me-i-keo
cafeteira (f)	커피 주전자	keo-pi ju-jeon-ja
moinho (m) de café	커피 그라인더	keo-pi geu-ra-in-deo
chaleira (f)	주전자	ju-jeon-ja
bule (m)	티팟	ti-pat
tampa (f)	뚜껑	ttu-kkeong
coador (f) de chá	차거름망	cha-geo-reum-mang
colher (f)	숟가락	sut-ga-rak
colher (f) de chá	티스푼	ti-seu-pun
colher (f) de sopa	숟가락	sut-ga-rak
garfo (m)	포크	po-keu
faca (f)	칼	kal
louça (f)	식기	sik-gi
prato (m)	접시	jeop-si
pires (m)	받침 접시	bat-chim jeop-si
cálice (m)	소주잔	so-ju-jan
copo (m)	유리잔	yu-ri-jan
chávena (f)	컵	keop
açucareiro (m)	설탕그릇	seol-tang-geu-reut
saleiro (m)	소금통	so-geum-tong
pimenteiro (m)	후추통	hu-chu-tong

manteigueira (f)	버터 접시	beo-teo jeop-si
panela, caçarola (f)	냄비	naem-bi
frigideira (f)	프라이팬	peu-ra-i-paen
concha (f)	국자	guk-ja
passador (m)	체	che
bandeja (f)	쟁반	jaeng-ban
garrafa (f)	병	byeong
boião (m) de vidro	유리병	yu-ri-byeong
lata (f)	캔, 깡통	kaen, kkang-tong
abre-garrafas (m)	병따개	byeong-tta-gae
abre-latas (m)	깡통 따개	kkang-tong tta-gae
saca-rolhas (m)	코르크 마개 뽑이	ko-reu-keu ma-gae ppo-bi
filtro (m)	필터	pil-teo
filtrar (vt)	여과하다	yeo-gwa-ha-da
lixo (m)	쓰레기	sseu-re-gi
balde (m) do lixo	쓰레기통	sseu-re-gi-tong

67. Casa de banho

quarto (m) de banho	욕실	yok-sil
água (f)	물	mul
torneira (f)	수도꼭지	su-do-kkok-ji
água (f) quente	온수	on-su
água (f) fria	냉수	naeng-su
pasta (f) de dentes	치약	chi-yak
escovar os dentes	이를 닦다	i-reul dak-da
barbear-se (vr)	깎다	kkak-da
espuma (f) de barbear	면도 크림	myeon-do keu-rim
máquina (f) de barbear	면도기	myeon-do-gi
lavar (vt)	씻다	ssit-da
lavar-se (vr)	목욕하다	mo-gyok-a-da
duche (m)	샤워	sya-wo
tomar um duche	샤워하다	sya-wo-ha-da
banheira (f)	욕조	yok-jo
sanita (f)	변기	byeon-gi
lavatório (m)	세면대	se-myeon-dae
sabonete (m)	비누	bi-nu
saboneteira (f)	비누 그릇	bi-nu geu-reut
esponja (f)	스펀지	seu-peon-ji
champô (m)	샴푸	syam-pu
toalha (f)	수건	su-geon
roupão (m) de banho	목욕가운	mo-gyok-ga-un
lavagem (f)	빨래	ppal-lae
máquina (f) de lavar	세탁기	se-tak-gi

lavar a roupa	빨래하다	ppal-lae-ha-da
detergente (m)	가루세제	ga-ru-se-je

68. Eletrodomésticos

televisor (m)	텔레비전	tel-le-bi-jeon
gravador (m)	카세트 플레이어	ka-se-teu peul-le-i-eo
videogravador (m)	비디오테이프 녹화기	bi-di-o-te-i-peu nok-wa-gi
rádio (m)	라디오	ra-di-o
leitor (m)	플레이어	peul-le-i-eo
projetor (m)	프로젝터	peu-ro-jek-teo
cinema (m) em casa	홈씨어터	hom-ssi-eo-teo
leitor (m) de DVD	디비디 플레이어	di-bi-di peul-le-i-eo
amplificador (m)	앰프	aem-peu
console (f) de jogos	게임기	ge-im-gi
câmara (f) de vídeo	캠코더	kaem-ko-deo
máquina (f) fotográfica	카메라	ka-me-ra
câmara (f) digital	디지털 카메라	di-ji-teol ka-me-ra
aspirador (m)	진공 청소기	jin-gong cheong-so-gi
ferro (m) de engomar	다리미	da-ri-mi
tábua (f) de engomar	다림질 판	da-rim-jil pan
telefone (m)	전화	jeon-hwa
telemóvel (m)	휴대폰	hyu-dae-pon
máquina (f) de escrever	타자기	ta-ja-gi
máquina (f) de costura	재봉틀	jae-bong-teul
microfone (m)	마이크	ma-i-keu
auscultadores (m pl)	헤드폰	he-deu-pon
controlo remoto (m)	원격 조종	won-gyeok jo-jong
CD (m)	씨디	ssi-di
cassete (f)	테이프	te-i-peu
disco (m) de vinil	레코드 판	re-ko-deu pan

ATIVIDADES HUMANAS

Emprego. Negócios. Parte 1

69. Escritório. O trabalho no escritório

escritório (~ de advogados)	사무실	sa-mu-sil
escritório (do diretor, etc.)	사무실	sa-mu-sil
receção (f)	접수처	jeop-su-cheo
secretário (m)	비서	bi-seo
diretor (m)	사장	sa-jang
gerente (m)	매니저	mae-ni-jeo
contabilista (m)	회계사	hoe-gye-sa
empregado (m)	직원	ji-gwon
mobiliário (m)	가구	ga-gu
mesa (f)	책상	chaek-sang
cadeira (f)	책상 의자	chaek-sang ui-ja
cabide (m) de pé	스탠드옷걸이	seu-taen-deu-ot-geo-ri
computador (m)	컴퓨터	keom-pyu-teo
impressora (f)	프린터	peu-rin-teo
fax (m)	팩스기	paek-seu-gi
fotocopiadora (f)	복사기	bok-sa-gi
papel (m)	종이	jong-i
artigos (m pl) de escritório	사무용품	sa-mu-yong-pum
tapete (m) de rato	마우스 패드	ma-u-seu pae-deu
folha (f) de papel	한 장	han jang
pasta (f)	바인더	ba-in-deo
catálogo (m)	카탈로그	ka-tal-lo-geu
diretório (f) telefónico	전화번호부	jeon-hwa-beon-ho-bu
documentação (f)	문서	mun-seo
brochura (f)	브로셔	beu-ro-syeo
flyer (m)	전단	jeon-dan
amostra (f)	샘플	saem-peul
formação (f)	수련회를	su-ryeon-hoe-reul
reunião (f)	회의	hoe-ui
hora (f) de almoço	점심시간	jeom-sim-si-gan
fazer uma cópia	사본을 만들다	sa-bo-neul man-deul-da
tirar cópias	복사하다	bok-sa-ha-da
receber um fax	팩스를 받다	paek-seu-reul bat-da
enviar um fax	팩스를 보내다	paek-seu-reul bo-nae-da
fazer uma chamada	전화하다	jeon-hwa-ha-da
responder (vt)	대답하다	dae-da-pa-da

passar (vt)	연결해 주다	yeon-gyeol-hae ju-da
marcar (vt)	마련하다	ma-ryeon-ha-da
demonstrar (vt)	전시하다	jeon-si-ha-da
estar ausente	결석하다	gyeol-seok-a-da
ausência (f)	결근	gyeol-geun

70. Processos negociais. Parte 1

ocupação (f)	직업	ji-geop
firma, empresa (f)	회사	hoe-sa
companhia (f)	회사	hoe-sa
corporação (f)	사단 법인	sa-dan beo-bin
empresa (f)	업체	eop-che
agência (f)	에이전시	e-i-jeon-si
acordo (documento)	약정	yak-jeong
contrato (m)	계약	gye-yak
acordo (transação)	거래	geo-rae
encomenda (f)	주문	ju-mun
cláusulas (f pl), termos (m pl)	조건	jo-geon
por grosso (adv)	도매로	do-mae-ro
por grosso (adj)	도매의	do-mae-ui
venda (f) por grosso	도매	do-mae
a retalho	소매의	so-mae-ui
venda (f) a retalho	소매	so-mae
concorrente (m)	경쟁자	gyeong-jaeng-ja
concorrência (f)	경쟁	gyeong-jaeng
competir (vi)	경쟁하다	gyeong-jaeng-ha-da
sócio (m)	파트너	pa-teu-neo
parceria (f)	파트너십	pa-teu-neo-sip
crise (f)	위기	wi-gi
bancarrota (f)	파산	pa-san
entrar em falência	파산하다	pa-san-ha-da
dificuldade (f)	어려움	eo-ryeo-um
problema (m)	문제	mun-je
catástrofe (f)	재난	jae-nan
economia (f)	경기, 경제	gyeong-gi, gyeong-je
económico	경제의	gyeong-je-ui
recessão (f) económica	경기침체	gyeong-gi-chim-che
objetivo (m)	목표	mok-pyo
tarefa (f)	임무	im-mu
comercializar (vi)	거래하다	geo-rae-ha-da
rede (de distribuição)	네트워크	ne-teu-wo-keu
estoque (m)	재고	jae-go
sortido (m)	세트	se-teu
líder (m)	리더	ri-deo
grande (~ empresa)	규모가 큰	gyu-mo-ga keun

monopólio (m)	독점	dok-jeom
teoria (f)	이론	i-ron
prática (f)	실천	sil-cheon
experiência (falar por ~)	경험	gyeong-heom
tendência (f)	경향	gyeong-hyang
desenvolvimento (m)	개발	gae-bal

71. Processos negociais. Parte 2

rentabilidade (f)	수익, 이익	su-ik, i-ik
rentável	수익성이 있는	su-ik-seong-i in-neun
delegação (f)	대표단	dae-pyo-dan
salário, ordenado (m)	급여, 월급	geu-byeo, wol-geup
corrigir (um erro)	고치다	go-chi-da
viagem (f) de negócios	출장	chul-jang
comissão (f)	수수료	su-su-ryo
controlar (vt)	제어하다	je-eo-ha-da
conferência (f)	회의	hoe-ui
licença (f)	면허증	myeon-heo-jeung
fiável	믿을 만한	mi-deul man-han
empreendimento (m)	시작	si-jak
norma (f)	표준	pyo-jun
circunstância (f)	상황	sang-hwang
dever (m)	의무	ui-mu
empresa (f)	조직	jo-jik
organização (f)	준비	jun-bi
organizado	조직된	jo-jik-doen
anulação (f)	취소	chwi-so
anular, cancelar (vt)	취소하다	chwi-so-ha-da
relatório (m)	보고서	bo-go-seo
patente (f)	특허	teuk-eo
patentear (vt)	특허를 받다	teuk-eo-reul bat-da
planear (vt)	계획하다	gye-hoek-a-da
prémio (m)	보너스	bo-neo-seu
profissional	전문가의	jeon-mun-ga-ui
procedimento (m)	절차	jeol-cha
examinar (a questão)	조사하다	jo-sa-ha-da
cálculo (m)	계산	gye-san
reputação (f)	평판	pyeong-pan
risco (m)	위험	wi-heom
dirigir (~ uma empresa)	운영하다	u-nyeong-ha-da
informação (f)	정보	jeong-bo
propriedade (f)	소유	so-yu
união (f)	연합	yeon-hap
seguro (m) de vida	생명 보험	saeng-myeong bo-heom
fazer um seguro	보험에 들다	bo-heom-e deul-da

seguro (m)	보험	bo-heom
leilão (m)	경매	gyeong-mae
notificar (vt)	통지하다	tong-ji-ha-da
gestão (f)	주관	ju-gwan
serviço (indústria de ~s)	서비스	seo-bi-seu
fórum (m)	포럼	po-reom
funcionar (vi)	기능하다	gi-neung-ha-da
estágio (m)	단계	dan-gye
jurídico	법률상의	beom-nyul-sang-ui
jurista (m)	법률고문	beom-nyul-go-mun

72. Produção. Trabalhos

usina (f)	공장	gong-jang
fábrica (f)	공장	gong-jang
oficina (f)	작업장	ja-geop-jang
local (m) de produção	현장	hyeon-jang
indústria (f)	산업, 공업	san-eop, gong-eop
industrial	산업의	san-eo-bui
indústria (f) pesada	중공업	jung-gong-eop
indústria (f) ligeira	경공업	gyeong-gong-eop
produção (f)	제품	je-pum
produzir (vt)	제조하다	je-jo-ha-da
matérias (f pl) primas	원재료	won-jae-ryo
chefe (m) de brigada	작업반장	ja-geop-ban-jang
brigada (f)	작업반	ja-geop-ban
operário (m)	노동자	no-dong-ja
dia (m) de trabalho	근무일	geun-mu-il
pausa (f)	휴식	hyu-sik
reunião (f)	회의	hoe-ui
discutir (vt)	의논하다	ui-non-ha-da
plano (m)	계획	gye-hoek
cumprir o plano	계획을 수행하다	gye-hoe-geul su-haeng-ha-da
taxa (f) de produção	생산량	saeng-sal-lyang
qualidade (f)	품질	pum-jil
controlo (m)	관리	gwal-li
controlo (m) da qualidade	품질 관리	pum-jil gwal-li
segurança (f) no trabalho	산업안전	sa-neo-ban-jeon
disciplina (f)	규율	gyu-yul
infração (f)	위반	wi-ban
violar (as regras)	위반하다	wi-ban-ha-da
greve (f)	파업	pa-eop
grevista (m)	파업자	pa-eop-ja
estar em greve	파업하다	pa-eo-pa-da
sindicato (m)	노동조합	no-dong-jo-hap

inventar (vt)	발명하다	bal-myeong-ha-da
invenção (f)	발명	bal-myeong
pesquisa (f)	연구	yeon-gu
melhorar (vt)	개선하다	gae-seon-ha-da
tecnologia (f)	기술	gi-sul
desenho (m) técnico	건축 도면	geon-chuk do-myeon
carga (f)	화물	hwa-mul
carregador (m)	하역부	ha-yeok-bu
carregar (vt)	싣다	sit-da
carregamento (m)	적재	jeok-jae
descarregar (vt)	짐을 부리다	ji-meul bu-ri-da
descarga (f)	짐부리기	jim-bu-ri-gi
transporte (m)	운송	un-song
companhia (f) de transporte	운송 회사	un-song hoe-sa
transportar (vt)	운송하다	un-song-ha-da
vagão (m) de carga	화차	hwa-cha
cisterna (f)	탱크	taeng-keu
camião (m)	트럭	teu-reok
máquina-ferramenta (f)	공작 기계	gong-jak gi-gye
mecanismo (m)	기계 장치	gi-gye jang-chi
resíduos (m pl) industriais	산업폐기물	san-eop-pye-gi-mul
embalagem (f)	포장	po-jang
embalar (vt)	포장하다	po-jang-ha-da

73. Contrato. Acordo

contrato (m)	계약	gye-yak
acordo (m)	약정	yak-jeong
adenda (f), anexo (m)	별첨	byeol-cheom
assinar o contrato	계약에 서명하다	gye-ya-ge seo-myeong-ha-da
assinatura (f)	서명	seo-myeong
assinar (vt)	서명하다	seo-myeong-ha-da
carimbo (m)	도장	do-jang
objeto (m) do contrato	계약 내용	gye-yak nae-yong
cláusula (f)	항	hang
partes (f pl)	양측	yang-cheuk
morada (f) jurídica	법인 주소	beo-bin ju-so
violar o contrato	계약을 위반하다	gye-ya-geul rwi-ban-ha-da
obrigação (f)	의무	ui-mu
responsabilidade (f)	책임	chae-gim
força (f) maior	불가항력	bul-ga-hang-nyeok
litígio (m), disputa (f)	분쟁	bun-jaeng
multas (f pl)	제재	je-jae

74. Importação & Exportação

importação (f)	수입	su-ip
importador (m)	수입업자	su-i-beop-ja
importar (vt)	수입하다	su-i-pa-da
de importação	수입의	su-i-bui
exportador (m)	수출업자	su-chu-reop-ja
exportar (vt)	수출하다	su-chul-ha-da
mercadoria (f)	상품	sang-pum
lote (de mercadorias)	탁송물	tak-song-mul
peso (m)	무게	mu-ge
volume (m)	부피	bu-pi
metro (m) cúbico	입방 미터	ip-bang mi-teo
produtor (m)	생산자	saeng-san-ja
companhia (f) de transporte	운송 회사	un-song hoe-sa
contentor (m)	컨테이너	keon-te-i-neo
fronteira (f)	국경	guk-gyeong
alfândega (f)	세관	se-gwan
taxa (f) alfandegária	관세	gwan-se
funcionário (m) da alfândega	세관원	se-gwan-won
contrabando (atividade)	밀수입	mil-su-ip
contrabando (produtos)	밀수품	mil-su-pum

75. Finanças

ação (f)	주식	ju-sik
obrigação (f)	채권	chae-gwon
nota (f) promissória	어음	**eo-eum**
bolsa (f)	증권거래소	jeung-gwon-geo-rae-so
cotação (m) das ações	주가	ju-ga
tornar-se mais barato	내리다	nae-ri-da
tornar-se mais caro	오르다	o-reu-da
participação (f) maioritária	지배 지분	ji-bae ji-bun
investimento (m)	투자	tu-ja
investir (vt)	투자하다	tu-ja-ha-da
percentagem (f)	퍼센트	peo-sen-teu
juros (m pl)	이자	i-ja
lucro (m)	수익, 이익	su-ik, i-ik
lucrativo	수익성이 있는	su-ik-seong-i in-neun
imposto (m)	세금	se-geum
divisa (f)	통화	tong-hwa
nacional	국가의	guk-ga-ui
câmbio (m)	환전	hwan-jeon

contabilista (m)	회계사	hoe-gye-sa
contabilidade (f)	회계	hoe-gye

bancarrota (f)	파산	pa-san
falência (f)	붕괴	bung-goe
ruína (f)	파산	pa-san
arruinar-se (vr)	파산하다	pa-san-ha-da
inflação (f)	인플레이션	in-peul-le-i-syeon
desvalorização (f)	평가절하	pyeong-ga-jeol-ha

capital (m)	자본	ja-bon
rendimento (m)	소득	so-deuk
volume (m) de negócios	총매출액	chong-mae-chu-raek
recursos (m pl)	재원을	jae-wo-neul
recursos (m pl) financeiros	재정 자원을	jae-jeong ja-wo-neul
reduzir (vt)	줄이다	ju-ri-da

76. Marketing

marketing (m)	마케팅	ma-ke-ting
mercado (m)	시장	si-jang
segmento (m) do mercado	시장 분야	si-jang bu-nya
produto (m)	제품	je-pum
mercadoria (f)	상품	sang-pum

marca (f) comercial	트레이드마크	teu-re-i-deu-ma-keu
logotipo (m)	로고	ro-go
logo (m)	로고	ro-go

demanda (f)	수요	su-yo
oferta (f)	공급	gong-geup
necessidade (f)	필요	pi-ryo
consumidor (m)	소비자	so-bi-ja

análise (f)	분석	bun-seok
analisar (vt)	분석하다	bun-seok-a-da
posicionamento (m)	포지셔닝	po-ji-syeo-ning
posicionar (vt)	포지셔닝하다	po-ji-syeo-ning-ha-da

preço (m)	가격	ga-gyeok
política (f) de preços	가격 정책	ga-gyeok jeong-chaek
formação (f) de preços	가격 형성	ga-gyeok yeong-seong

77. Publicidade

publicidade (f)	광고	gwang-go
publicitar (vt)	광고하다	gwang-go-ha-da
orçamento (m)	예산	ye-san

anúncio (m) publicitário	광고	gwang-go
publicidade (f) televisiva	텔레비전 광고	tel-le-bi-jeon gwang-go
publicidade (f) na rádio	라디오 광고	ra-di-o gwang-go

publicidade (f) exterior	옥외 광고	o-goe gwang-go
meios (m pl) de comunicação social	매체	mae-che
periódico (m)	정기 간행물	jeong-gi gan-haeng-mul
imagem (f)	이미지	i-mi-ji
slogan (m)	슬로건	seul-lo-geon
mote (m), divisa (f)	표어	pyo-eo
campanha (f)	캠페인	kaem-pe-in
companha (f) publicitária	광고 캠페인	gwang-go kaem-pe-in
grupo (m) alvo	공략 대상	gong-nyak dae-sang
cartão (m) de visita	명함	myeong-ham
flyer (m)	전단	jeon-dan
brochura (f)	브로셔	beu-ro-syeo
folheto (m)	팜플렛	pam-peul-let
boletim (~ informativo)	회보	hoe-bo
letreiro (m)	간판	gan-pan
cartaz, póster (m)	포스터	po-seu-teo
painel (m) publicitário	광고판	gwang-go-pan

78. Banca

banco (m)	은행	eun-haeng
sucursal, balcão (f)	지점	ji-jeom
consultor (m)	행원	haeng-won
gerente (m)	지배인	ji-bae-in
conta (f)	은행계좌	eun-haeng-gye-jwa
número (m) da conta	계좌 번호	gye-jwa beon-ho
conta (f) corrente	당좌	dang-jwa
conta (f) poupança	보통 예금	bo-tong ye-geum
abrir uma conta	계좌를 열다	gye-jwa-reul ryeol-da
fechar uma conta	계좌를 해지하다	gye-jwa-reul hae-ji-ha-da
depositar na conta	계좌에 입금하다	ip-geum-ha-da
levantar (vt)	출금하다	chul-geum-ha-da
depósito (m)	저금	jeo-geum
fazer um depósito	입금하다	ip-geum-ha-da
transferência (f) bancária	송금	song-geum
transferir (vt)	송금하다	song-geum-ha-da
soma (f)	액수	aek-su
Quanto?	얼마?	eol-ma?
assinatura (f)	서명	seo-myeong
assinar (vt)	서명하다	seo-myeong-ha-da
cartão (m) de crédito	신용 카드	si-nyong ka-deu
código (m)	비밀번호	bi-mil-beon-ho

número (m) do cartão de crédito	신용 카드 번호	si-nyong ka-deu beon-ho
Caixa Multibanco (m)	현금 자동 지급기	hyeon-geum ja-dong ji-geup-gi
cheque (m)	수표	su-pyo
passar um cheque	수표를 끊다	su-pyo-reul kkeun-ta
livro (m) de cheques	수표책	su-pyo-chaek
empréstimo (m)	대출	dae-chul
pedir um empréstimo	대출 신청하다	dae-chul sin-cheong-ha-da
obter um empréstimo	대출을 받다	dae-chu-reul bat-da
conceder um empréstimo	대출하다	dae-chul-ha-da
garantia (f)	담보	dam-bo

79. Telefone. Conversação telefónica

telefone (m)	전화	jeon-hwa
telemóvel (m)	휴대폰	hyu-dae-pon
secretária (f) electrónica	자동 응답기	ja-dong eung-dap-gi
fazer uma chamada	전화하다	jeon-hwa-ha-da
chamada (f)	통화	tong-hwa
marcar um número	번호로 걸다	beon-ho-ro geol-da
Alô!	여보세요!	yeo-bo-se-yo!
perguntar (vt)	묻다	mut-da
responder (vt)	전화를 받다	jeon-hwa-reul bat-da
ouvir (vt)	듣다	deut-da
bem	잘	jal
mal	좋지 않은	jo-chi a-neun
ruído (m)	잡음	ja-beum
auscultador (m)	수화기	su-hwa-gi
pegar o telefone	전화를 받다	jeon-hwa-reul bat-da
desligar (vi)	전화를 끊다	jeon-hwa-reul kkeun-ta
ocupado	통화 중인	tong-hwa jung-in
tocar (vi)	울리다	ul-li-da
lista (f) telefónica	전화 번호부	jeon-hwa beon-ho-bu
local	시내의	si-nae-ui
para outra cidade	장거리의	jang-geo-ri-ui
internacional	국제적인	guk-je-jeo-gin

80. Telefone móvel

telemóvel (m)	휴대폰	hyu-dae-pon
ecrã (f)	화면	hwa-myeon
botão (m)	버튼	beo-teun
cartão SIM (m)	SIM 카드	SIM ka-deu

bateria (f)	건전지	geon-jeon-ji
descarregar-se	나가다	na-ga-da
carregador (m)	충전기	chung-jeon-gi
menu (m)	메뉴	me-nyu
definições (f pl)	설정	seol-jeong
melodia (f)	벨소리	bel-so-ri
escolher (vt)	선택하다	seon-taek-a-da
calculadora (f)	계산기	gye-san-gi
correio (m) de voz	자동 응답기	ja-dong eung-dap-gi
despertador (m)	알람 시계	al-lam si-gye
contatos (m pl)	연락처	yeol-lak-cheo
mensagem (f) de texto	문자 메시지	mun-ja me-si-ji
assinante (m)	가입자	ga-ip-ja

81. Estacionário

caneta (f)	볼펜	bol-pen
caneta (f) tinteiro	만년필	man-nyeon-pil
lápis (m)	연필	yeon-pil
marcador (m)	형광펜	hyeong-gwang-pen
caneta (f) de feltro	사인펜	sa-in-pen
bloco (m) de notas	공책	gong-chaek
agenda (f)	수첩	su-cheop
régua (f)	자	ja
calculadora (f)	계산기	gye-san-gi
borracha (f)	지우개	ji-u-gae
pionés (m)	압정	ap-jeong
clipe (m)	클립	keul-lip
cola (f)	접착제	jeop-chak-je
agrafador (m)	호치키스	ho-chi-ki-seu
furador (m)	펀치	peon-chi
afia-lápis (m)	연필깎이	yeon-pil-kka-kki

82. Tipos de negócios

serviços (m pl) de contabilidade	회계 서비스	hoe-gye seo-bi-seu
publicidade (f)	광고	gwang-go
agência (f) de publicidade	광고 회사	gwang-go hoe-sa
ar condicionado (m)	에어컨	e-eo-keon
companhia (f) aérea	항공사	hang-gong-sa
bebidas (f pl) alcoólicas	주류	ju-ryu
comércio (m) de antiguidades	골동품	gol-dong-pum
galeria (f) de arte	미술관	mi-sul-gwan

serviços (m pl) de auditoria	회계 감사	hoe-gye gam-sa
negócios (m pl) bancários	금융업계	geu-myung-eop-gye
bar (m)	바	ba
salão (m) de beleza	미장원	mi-jang-won
livraria (f)	서점	seo-jeom
cervejaria (f)	맥주 양조장	maek-ju yang-jo-jang
centro (m) de escritórios	비즈니스 센터	bi-jeu-ni-seu sen-teo
escola (f) de negócios	비즈니스 스쿨	bi-jeu-ni-seu seu-kul

casino (m)	카지노	ka-ji-no
construção (f)	건설	geon-seol
serviços (m pl) de consultoria	컨설팅	keon-seol-ting

estomatologia (f)	치과 병원	chi-gwa byeong-won
design (m)	디자인	di-ja-in
farmácia (f)	약국	yak-guk
lavandaria (f)	드라이 클리닝	deu-ra-i keul-li-ning
agência (f) de emprego	직업 소개소	ji-geop so-gae-so

serviços (m pl) financeiros	재무 서비스	jae-mu seo-bi-seu
alimentos (m pl)	식품	sik-pum
agência (f) funerária	장례식장	jang-nye-sik-jang
mobiliário (m)	가구	ga-gu
roupa (f)	옷	ot
hotel (m)	호텔	ho-tel

gelado (m)	아이스크림	a-i-seu-keu-rim
indústria (f)	산업, 공업	san-eop, gong-eop
seguro (m)	보험	bo-heom
internet (f)	인터넷	in-teo-net
investimento (m)	투자	tu-ja

joalheiro (m)	보석 상인	bo-seok sang-in
joias (f pl)	보석	bo-seok
lavandaria (f)	세탁소	se-tak-so
serviços (m pl) jurídicos	법률컨설팅	beom-nyul-keon-seol-ting
indústria (f) ligeira	경공업	gyeong-gong-eop

revista (f)	잡지	jap-ji
medicina (f)	의학	ui-hak
cinema (m)	영화관	yeong-hwa-gwan
museu (m)	박물관	bang-mul-gwan

agência (f) de notícias	통신사	tong-sin-sa
jornal (m)	신문	sin-mun
clube (m) noturno	나이트 클럽	na-i-teu keul-leop

petróleo (m)	석유	seo-gyu
serviço (m) de encomendas	문서 송달 회사	mun-seo song-dal hoe-sa
indústria (f) farmacêutica	의약	ui-yak
poligrafia (f)	인쇄산업	in-swae-san-eop
editora (f)	출판사	chul-pan-sa

rádio (m)	라디오	ra-di-o
imobiliário (m)	부동산	bu-dong-san
restaurante (m)	레스토랑	re-seu-to-rang

empresa (f) de segurança	보안 회사	bo-an hoe-sa
desporto (m)	스포츠	seu-po-cheu
bolsa (f)	증권거래소	jeung-gwon-geo-rae-so
loja (f)	가게, 상점	ga-ge, sang-jeom
supermercado (m)	슈퍼마켓	syu-peo-ma-ket
piscina (f)	수영장	su-yeong-jang
alfaiataria (f)	양복점	yang-bok-jeom
televisão (f)	텔레비전	tel-le-bi-jeon
teatro (m)	극장	geuk-jang
comércio (atividade)	거래	geo-rae
serviços (m pl) de transporte	운송	un-song
viagens (m pl)	관광산업	gwan-gwang-sa-neop
veterinário (m)	수의사	su-ui-sa
armazém (m)	창고	chang-go
recolha (f) do lixo	쓰레기 수거	sseu-re-gi su-geo

Emprego. Negócios. Parte 2

83. Espetáculo. Feira

feira (f)	전시회	jeon-si-hoe
feira (f) comercial	상품 전시회	sang-pum jeon-si-hoe
participação (f)	참가	cham-ga
participar (vi)	참가하다	cham-ga-ha-da
participante (m)	참가자	cham-ga-ja
diretor (m)	대표이사	dae-pyo-i-sa
direção (f)	조직위원회	jo-ji-gwi-won-hoe
organizador (m)	조직위원회	jo-ji-gwi-won-hoe
organizar (vt)	조직하다	jo-jik-a-da
ficha (f) de inscrição	참가 신청서	cham-ga sin-cheong-seo
preencher (vt)	작성하다	jak-seong-ha-da
detalhes (m pl)	상세	sang-se
informação (f)	정보	jeong-bo
preço (m)	가격	ga-gyeok
incluindo	포함하여	po-ham-ha-yeo
incluir (vt)	포함하다	po-ham-ha-da
pagar (vt)	지불하다	ji-bul-ha-da
taxa (f) de inscrição	등록비	deung-nok-bi
entrada (f)	입구	ip-gu
pavilhão (m)	전시실	jeon-si-sil
inscrever (vt)	등록하다	deung-nok-a-da
crachá (m)	명찰	myeong-chal
stand (m)	부스	bu-seu
reservar (vt)	예약하다	ye-yak-a-da
vitrina (f)	진열장	ji-nyeol-jang
foco, spot (m)	스포트라이트	seu-po-teu-ra-i-teu
design (m)	디자인	di-ja-in
pôr, colocar (vt)	배치하다	bae-chi-ha-da
distribuidor (m)	배급업자	bae-geu-beop-ja
fornecedor (m)	공급자	gong-geup-ja
país (m)	나라	na-ra
estrangeiro	외국의	oe-gu-gui
produto (m)	제품	je-pum
associação (f)	협회	hyeo-poe
sala (f) de conferências	회의장	hoe-ui-jang
congresso (m)	회의	hoe-ui

concurso (m)	컨테스트	keon-te-seu-teu
visitante (m)	방문객	bang-mun-gaek
visitar (vt)	방문하다	bang-mun-ha-da
cliente (m)	고객	go-gaek

84. Ciência. Investigação. Cientistas

ciência (f)	과학	gwa-hak
científico	과학의	gwa-ha-gui
cientista (m)	과학자	gwa-hak-ja
teoria (f)	이론	i-ron
axioma (m)	공리	gong-ni
análise (f)	분석	bun-seok
analisar (vt)	분석하다	bun-seok-a-da
argumento (m)	주장	ju-jang
substância (f)	물질	mul-jil
hipótese (f)	가설	ga-seol
dilema (m)	딜레마	dil-le-ma
tese (f)	학위 논문	ha-gwi non-mun
dogma (m)	도그마	do-geu-ma
doutrina (f)	학설	hak-seol
pesquisa (f)	연구	yeon-gu
pesquisar (vt)	연구하다	yeon-gu-ha-da
teste (m)	실험	sil-heom
laboratório (m)	연구실	yeon-gu-sil
método (m)	방법	bang-beop
molécula (f)	분자	bun-ja
monitoramento (m)	감시	gam-si
descoberta (f)	발견	bal-gyeon
postulado (m)	공준	gong-jun
princípio (m)	원칙	won-chik
prognóstico (previsão)	예상	ye-sang
prognosticar (vt)	예상하다	ye-sang-ha-da
síntese (f)	종합	jong-hap
tendência (f)	경향	gyeong-hyang
teorema (m)	정리	jeong-ni
ensinamentos (m pl)	가르침	ga-reu-chim
facto (m)	사실	sa-sil
expedição (f)	탐험	tam-heom
experiência (f)	실험	sil-heom
académico (m)	아카데미 회원	a-ka-de-mi hoe-won
bacharel (m)	학사	hak-sa
doutor (m)	박사	bak-sa
docente (m)	부교수	bu-gyo-su
mestre (m)	석사	seok-sa
professor (m) catedrático	교수	gyo-su

Profissões e ocupações

85. Procura de emprego. Demissão

trabalho (m)	직업	ji-geop
pessoal (m)	직원	ji-gwon
carreira (f)	경력	gyeong-nyeok
perspetivas (f pl)	전망	jeon-mang
mestria (f)	숙달	suk-dal
seleção (f)	선발	seon-bal
agência (f) de emprego	직업 소개소	ji-geop so-gae-so
CV, currículo (m)	이력서	i-ryeok-seo
entrevista (f) para um emprego	면접	myeon-jeop
vaga (f)	결원	gyeo-rwon
salário (m)	급여, 월급	geu-byeo, wol-geup
salário (m) fixo	고정급	go-jeong-geup
pagamento (m)	급료	geum-nyo
posto (m)	직위	ji-gwi
dever (do empregado)	의무	ui-mu
gama (f) de deveres	업무범위	eom-mu-beom-wi
ocupado	바쁜	ba-ppeun
despedir, demitir (vt)	해고하다	hae-go-ha-da
demissão (f)	해고	hae-go
desemprego (m)	실업	si-reop
desempregado (m)	실업자	si-reop-ja
reforma (f)	은퇴	eun-toe
reformar-se	은퇴하다	eun-toe-ha-da

86. Gente de negócios

diretor (m)	사장	sa-jang
gerente (m)	지배인	ji-bae-in
patrão, chefe (m)	상사	sang-sa
superior (m)	상사	sang-sa
superiores (m pl)	상사	sang-sa
presidente (m)	회장	hoe-jang
presidente (m) de direção	의장	ui-jang
substituto (m)	부 ...	bu ...
assistente (m)	조수	jo-su

secretário (m)	비서	bi-seo
secretário (m) pessoal	개인 비서	gae-in bi-seo
homem (m) de negócios	사업가	sa-eop-ga
empresário (m)	사업가	sa-eop-ga
fundador (m)	설립자	seol-lip-ja
fundar (vt)	설립하다	seol-li-pa-da
fundador, sócio (m)	설립자	seol-lip-ja
parceiro, sócio (m)	파트너	pa-teu-neo
acionista (m)	주주	ju-ju
milionário (m)	백만장자	baeng-man-jang-ja
bilionário (m)	억만장자	eong-man-jang-ja
proprietário (m)	소유자	so-yu-ja
proprietário (m) de terras	토지 소유자	to-ji so-yu-ja
cliente (m)	고객	go-gaek
cliente (m) habitual	단골	dan-gol
comprador (m)	구매자	gu-mae-ja
visitante (m)	방문객	bang-mun-gaek
profissional (m)	전문가	jeon-mun-ga
perito (m)	전문가	jeon-mun-ga
especialista (m)	전문가	jeon-mun-ga
banqueiro (m)	은행가	eun-haeng-ga
corretor (m)	브로커	beu-ro-keo
caixa (m, f)	계산원	gye-san-won
contabilista (m)	회계사	hoe-gye-sa
guarda (m)	보안요원	bo-a-nyo-won
investidor (m)	투자가	tu-ja-ga
devedor (m)	채무자	chae-mu-ja
credor (m)	빚쟁이	bit-jaeng-i
mutuário (m)	차용인	cha-yong-in
importador (m)	수입업자	su-i-beop-ja
exportador (m)	수출업자	su-chu-reop-ja
produtor (m)	생산자	saeng-san-ja
distribuidor (m)	배급업자	bae-geu-beop-ja
intermediário (m)	중간상인	jung-gan-sang-in
consultor (m)	컨설턴트	keon-seol-teon-teu
representante (m)	판매 대리인	pan-mae dae-ri-in
agente (m)	중개인	jung-gae-in
agente (m) de seguros	보험설계사	bo-heom-seol-gye-sa

87. Profissões de serviços

cozinheiro (m)	요리사	yo-ri-sa
cozinheiro chefe (m)	주방장	ju-bang-jang

padeiro (m)	제빵사	je-ppang-sa
barman (m)	바텐더	ba-ten-deo
empregado (m) de mesa	웨이터	we-i-teo
empregada (f) de mesa	웨이트리스	we-i-teu-ri-seu
advogado (m)	변호사	byeon-ho-sa
jurista (m)	법률고문	beom-nyul-go-mun
notário (m)	공증인	gong-jeung-in
eletricista (m)	전기 기사	jeon-gi gi-sa
canalizador (m)	배관공	bae-gwan-gong
carpinteiro (m)	목수	mok-su
massagista (m)	안마사	an-ma-sa
massagista (f)	안마사	an-ma-sa
médico (m)	의사	ui-sa
taxista (m)	택시 운전 기사	taek-si un-jeon gi-sa
condutor (automobilista)	운전 기사	un-jeon gi-sa
entregador (m)	배달원	bae-da-rwon
camareira (f)	객실 청소부	gaek-sil cheong-so-bu
guarda (m)	보안요원	bo-a-nyo-won
hospedeira (f) de bordo	승무원	seung-mu-won
professor (m)	선생님	seon-saeng-nim
bibliotecário (m)	사서	sa-seo
tradutor (m)	번역가	beo-nyeok-ga
intérprete (m)	통역가	tong-yeok-ga
guia (pessoa)	가이드	ga-i-deu
cabeleireiro (m)	미용사	mi-yong-sa
carteiro (m)	우체부	u-che-bu
vendedor (m)	점원	jeom-won
jardineiro (m)	정원사	jeong-won-sa
criado (m)	하인	ha-in
criada (f)	하녀	ha-nyeo
empregada (f) de limpeza	청소부	cheong-so-bu

88. Profissões militares e postos

soldado (m) raso	일병	il-byeong
sargento (m)	병장	byeong-jang
tenente (m)	중위	jung-wi
capitão (m)	대위	dae-wi
major (m)	소령	so-ryeong
coronel (m)	대령	dae-ryeong
general (m)	장군	jang-gun
marechal (m)	원수	won-su
almirante (m)	제독	je-dok
militar (m)	군인	gun-in
soldado (m)	군인	gun-in

oficial (m)	장교	jang-gyo
comandante (m)	사령관	sa-ryeong-gwan
guarda (m) fronteiriço	국경 수비대원	guk-gyeong su-bi-dae-won
operador (m) de rádio	무선 기사	mu-seon gi-sa
explorador (m)	정찰병	jeong-chal-byeong
sapador (m)	공병대원	gong-byeong-dae-won
atirador (m)	사수	sa-su
navegador (m)	항법사	hang-beop-sa

89. Oficiais. Padres

rei (m)	왕	wang
rainha (f)	여왕	yeo-wang
príncipe (m)	왕자	wang-ja
princesa (f)	공주	gong-ju
czar (m)	차르	cha-reu
czarina (f)	여황제	yeo-hwang-je
presidente (m)	대통령	dae-tong-nyeong
ministro (m)	장관	jang-gwan
primeiro-ministro (m)	총리	chong-ni
senador (m)	상원의원	sang-won-ui-won
diplomata (m)	외교관	oe-gyo-gwan
cônsul (m)	영사	yeong-sa
embaixador (m)	대사	dae-sa
conselheiro (m)	고문관	go-mun-gwan
funcionário (m)	공무원	gong-mu-won
prefeito (m)	도지사, 현감	do-ji-sa, hyeon-gam
Presidente (m) da Câmara	시장	si-jang
juiz (m)	판사	pan-sa
procurador (m)	검사	geom-sa
missionário (m)	선교사	seon-gyo-sa
monge (m)	수도사	su-do-sa
abade (m)	수도원장	su-do-won-jang
rabino (m)	랍비	rap-bi
vizir (m)	고관	go-gwan
xá (m)	샤	sya
xeque (m)	셰이크	sye-i-keu

90. Profissões agrícolas

apicultor (m)	양봉가	yang-bong-ga
pastor (m)	목동	mok-dong
agrónomo (m)	농학자	nong-hak-ja

| criador (m) de gado | 목축업자 | mok-chu-geop-ja |
| veterinário (m) | 수의사 | su-ui-sa |

agricultor (m)	농부	nong-bu
vinicultor (m)	포도주 제조자	po-do-ju je-jo-ja
zoólogo (m)	동물학자	dong-mul-hak-ja
cowboy (m)	카우보이	ka-u-bo-i

91. Profissões artísticas

| ator (m) | 배우 | bae-u |
| atriz (f) | 여배우 | yeo-bae-u |

| cantor (m) | 가수 | ga-su |
| cantora (f) | 여가수 | yeo-ga-su |

| bailarino (m) | 무용가 | mu-yong-ga |
| bailarina (f) | 여성 무용가 | yeo-seong mu-yong-ga |

| artista (m) | 공연자 | gong-yeon-ja |
| artista (f) | 여성 공연자 | yeo-seong gong-yeon-ja |

músico (m)	음악가	eum-ak-ga
pianista (m)	피아니스트	pi-a-ni-seu-teu
guitarrista (m)	기타 연주자	gi-ta yeon-ju-ja

maestro (m)	지휘자	ji-hwi-ja
compositor (m)	작곡가	jak-gok-ga
empresário (m)	기획자	gi-hoek-ja

realizador (m)	영화감독	yeong-hwa-gam-dok
produtor (m)	제작자	je-jak-ja
argumentista (m)	시나리오 작가	si-na-ri-o jak-ga
crítico (m)	미술 비평가	mi-sul bi-pyeong-ga

escritor (m)	작가	jak-ga
poeta (m)	시인	si-in
escultor (m)	조각가	jo-gak-ga
pintor (m)	화가	hwa-ga

malabarista (m)	저글러	jeo-geul-leo
palhaço (m)	어릿광대	eo-rit-gwang-dae
acrobata (m)	곡예사	go-gye-sa
mágico (m)	마술사	ma-sul-sa

92. Várias profissões

médico (m)	의사	ui-sa
enfermeira (f)	간호사	gan-ho-sa
psiquiatra (m)	정신과 의사	jeong-sin-gwa ui-sa
estomatologista (m)	치과 의사	chi-gwa ui-sa
cirurgião (m)	외과 의사	oe-gwa ui-sa

astronauta (m)	우주비행사	u-ju-bi-haeng-sa
astrónomo (m)	천문학자	cheon-mun-hak-ja
motorista (m)	운전 기사	un-jeon gi-sa
maquinista (m)	기관사	gi-gwan-sa
mecânico (m)	정비공	jeong-bi-gong
mineiro (m)	광부	gwang-bu
operário (m)	노동자	no-dong-ja
serralheiro (m)	자물쇠공	ja-mul-soe-gong
marceneiro (m)	목수	mok-su
torneiro (m)	선반공	seon-ban-gong
construtor (m)	공사장 인부	gong-sa-jang in-bu
soldador (m)	용접공	yong-jeop-gong
professor (m) catedrático	교수	gyo-su
arquiteto (m)	건축가	geon-chuk-ga
historiador (m)	역사학자	yeok-sa-hak-ja
cientista (m)	과학자	gwa-hak-ja
físico (m)	물리학자	mul-li-hak-ja
químico (m)	화학자	hwa-hak-ja
arqueólogo (m)	고고학자	go-go-hak-ja
geólogo (m)	지질학자	ji-jil-hak-ja
pesquisador (cientista)	연구원	yeon-gu-won
babysitter (f)	애기보는 사람	ae-gi-bo-neun sa-ram
professor (m)	교사	gyo-sa
redator (m)	편집자	pyeon-jip-ja
redator-chefe (m)	편집장	pyeon-jip-jang
correspondente (m)	통신원	tong-sin-won
datilógrafa (f)	타이피스트	ta-i-pi-seu-teu
designer (m)	디자이너	di-ja-i-neo
especialista (m) em informática	컴퓨터 전문가	keom-pyu-teo jeon-mun-ga
programador (m)	프로그래머	peu-ro-geu-rae-meo
engenheiro (m)	엔지니어	en-ji-ni-eo
marujo (m)	선원	seon-won
marinheiro (m)	수부	su-bu
salvador (m)	구조자	gu-jo-ja
bombeiro (m)	소방관	so-bang-gwan
polícia (m)	경찰관	gyeong-chal-gwan
guarda-noturno (m)	경비원	gyeong-bi-won
detetive (m)	형사	hyeong-sa
funcionário (m) da alfândega	세관원	se-gwan-won
guarda-costas (m)	경호원	gyeong-ho-won
guarda (m) prisional	간수	gan-su
inspetor (m)	감독관	gam-dok-gwan
desportista (m)	스포츠맨	seu-po-cheu-maen
treinador (m)	코치	ko-chi

talhante (m)	정육점 주인	jeong-yuk-jeom ju-in
sapateiro (m)	구둣방	gu-dut-bang
comerciante (m)	상인	sang-in
carregador (m)	하역부	ha-yeok-bu
estilista (m)	패션 디자이너	pae-syeon di-ja-i-neo
modelo (f)	모델	mo-del

93. Ocupações. Estatuto social

aluno, escolar (m)	남학생	nam-hak-saeng
estudante (~ universitária)	대학생	dae-hak-saeng
filósofo (m)	철학자	cheol-hak-ja
economista (m)	경제 학자	gyeong-je hak-ja
inventor (m)	발명가	bal-myeong-ga
desempregado (m)	실업자	si-reop-ja
reformado (m)	은퇴자	eun-toe-ja
espião (m)	비밀요원	bi-mi-ryo-won
preso (m)	죄수	joe-su
grevista (m)	파업자	pa-eop-ja
burocrata (m)	관료	gwal-lyo
viajante (m)	여행자	yeo-haeng-ja
homossexual (m)	동성애자	dong-seong-ae-ja
hacker (m)	해커	hae-keo
bandido (m)	산적	san-jeok
assassino (m) a soldo	살인 청부업자	sa-rin cheong-bu-eop-ja
toxicodependente (m)	마약 중독자	ma-yak jung-dok-ja
traficante (m)	마약 밀매자	ma-yak mil-mae-ja
prostituta (f)	매춘부	mae-chun-bu
chulo (m)	포주	po-ju
bruxo (m)	마법사	ma-beop-sa
bruxa (f)	여자 마법사	yeo-ja ma-beop-sa
pirata (m)	해적	hae-jeok
escravo (m)	노예	no-ye
samurai (m)	사무라이	sa-mu-ra-i
selvagem (m)	야만인	ya-man-in

Educação

94. Escola

escola (f)	학교	hak-gyo
diretor (m) de escola	교장	gyo-jang
aluno (m)	남학생	nam-hak-saeng
aluna (f)	여학생	yeo-hak-saeng
escolar (m)	남학생	nam-hak-saeng
escolar (f)	여학생	yeo-hak-saeng
ensinar (vt)	가르치다	ga-reu-chi-da
aprender (vt)	배우다	bae-u-da
aprender de cor	암기하다	am-gi-ha-da
estudar (vi)	배우다	bae-u-da
andar na escola	재학 중이다	jae-hak jung-i-da
ir â escola	학교에 가다	hak-gyo-e ga-da
alfabeto (m)	알파벳	al-pa-bet
disciplina (f)	과목	gwa-mok
sala (f) de aula	교실	gyo-sil
lição (f)	수업	su-eop
recreio (m)	쉬는 시간	swi-neun si-gan
toque (m)	수업종	su-eop-jong
carteira (f)	학교 책상	hak-gyo chaek-sang
quadro (m) negro	칠판	chil-pan
nota (f)	성적	seong-jeok
boa nota (f)	좋은 성적	jo-eun seong-jeok
nota (f) baixa	나쁜 성적	na-ppeun seong-jeok
dar uma nota	성적을 매기다	seong-jeo-geul mae-gi-da
erro (m)	실수	sil-su
fazer erros	실수하다	sil-su-ha-da
corrigir (vt)	고치다	go-chi-da
cábula (f)	커닝 페이퍼	keo-ning pe-i-peo
dever (m) de casa	숙제	suk-je
exercício (m)	연습 문제	yeon-seup mun-je
estar presente	출석하다	chul-seok-a-da
estar ausente	결석하다	gyeol-seok-a-da
punir (vt)	처벌하다	cheo-beol-ha-da
punição (f)	벌	beol
comportamento (m)	처신	cheo-sin
boletim (m) escolar	성적표	seong-jeok-pyo

lápis (m)	연필	yeon-pil
borracha (f)	지우개	ji-u-gae
giz (m)	분필	bun-pil
estojo (m)	필통	pil-tong
pasta (f) escolar	책가방	chaek-ga-bang
caneta (f)	펜	pen
caderno (m)	노트	no-teu
manual (m) escolar	교과서	gyo-gwa-seo
compasso (m)	컴퍼스	keom-peo-seu
traçar (vt)	제도하다	je-do-ha-da
desenho (m) técnico	건축 도면	geon-chuk do-myeon
poesia (f)	시	si
de cor	외워서	oe-wo-seo
aprender de cor	암기하다	am-gi-ha-da
férias (f pl)	학교 방학	bang-hak
estar de férias	방학 중이다	bang-hak jung-i-da
teste (m)	필기 시험	pil-gi si-heom
composição, redação (f)	논술	non-sul
ditado (m)	받아쓰기 시험	ba-da-sseu-gi si-heom
exame (m)	시험	si-heom
fazer exame	시험을 보다	si-heo-meul bo-da
experiência (~ química)	실험	sil-heom

95. Colégio. Universidade

academia (f)	아카데미	a-ka-de-mi
universidade (f)	대학교	dae-hak-gyo
faculdade (f)	교수진	gyo-su-jin
estudante (m)	대학생	dae-hak-saeng
estudante (f)	여대생	yeo-dae-saeng
professor (m)	강사	gang-sa
sala (f) de palestras	교실	gyo-sil
graduado (m)	졸업생	jo-reop-saeng
diploma (m)	졸업증	jo-reop-jeung
tese (f)	학위 논문	ha-gwi non-mun
estudo (obra)	연구	yeon-gu
laboratório (m)	연구실	yeon-gu-sil
palestra (f)	강의	gang-ui
colega (m) de curso	대학 동급생	dae-hak dong-geup-saeng
bolsa (f) de estudos	장학금	jang-hak-geum
grau (m) académico	학위	ha-gwi

96. Ciências. Disciplinas

matemática (f)	수학	su-hak
álgebra (f)	대수학	dae-su-hak
geometria (f)	기하학	gi-ha-hak
astronomia (f)	천문학	cheon-mun-hak
biologia (f)	생물학	saeng-mul-hak
geografia (f)	지리학	ji-ri-hak
geologia (f)	지질학	ji-jil-hak
história (f)	역사학	yeok-sa-hak
medicina (f)	의학	ui-hak
pedagogia (f)	교육학	gyo-yuk-ak
direito (m)	법학	beo-pak
física (f)	물리학	mul-li-hak
química (f)	화학	hwa-hak
filosofia (f)	철학	cheol-hak
psicologia (f)	심리학	sim-ni-hak

97. Sistema de escrita. Ortografia

gramática (f)	문법	mun-beop
vocabulário (m)	어휘	eo-hwi
fonética (f)	음성학	eum-seong-hak
substantivo (m)	명사	myeong-sa
adjetivo (m)	형용사	hyeong-yong-sa
verbo (m)	동사	dong-sa
advérbio (m)	부사	bu-sa
pronome (m)	대명사	dae-myeong-sa
interjeição (f)	감탄사	gam-tan-sa
preposição (f)	전치사	jeon-chi-sa
raiz (f) da palavra	어근	eo-geun
terminação (f)	어미	eo-mi
prefixo (m)	접두사	jeop-du-sa
sílaba (f)	음절	eum-jeol
sufixo (m)	접미사	jeom-mi-sa
acento (m)	강세	gang-se
apóstrofo (m)	아포스트로피	a-po-seu-teu-ro-pi
ponto (m)	마침표	ma-chim-pyo
vírgula (f)	쉼표	swim-pyo
ponto e vírgula (m)	세미콜론	se-mi-kol-lon
dois pontos (m pl)	콜론	kol-lon
reticências (f pl)	말줄임표	mal-ju-rim-pyo
ponto (m) de interrogação	물음표	mu-reum-pyo
ponto (m) de exclamação	느낌표	neu-kkim-pyo

aspas (f pl)	따옴표	tta-om-pyo
entre aspas	따옴표 안에	tta-om-pyo a-ne
parênteses (m pl)	괄호	gwal-ho
entre parênteses	괄호 속에	gwal-ho so-ge
hífen (m)	하이픈	ha-i-peun
travessão (m)	대시	jul-pyo
espaço (m)	공백 문자	gong-baek mun-ja
letra (f)	글자	geul-ja
letra (f) maiúscula	대문자	dae-mun-ja
vogal (f)	모음	mo-eum
consoante (f)	자음	ja-eum
frase (f)	문장	mun-jang
sujeito (m)	주어	ju-eo
predicado (m)	서술어	seo-su-reo
linha (f)	줄	jul
em uma nova linha	줄을 바꾸어	ju-reul ba-kku-eo
parágrafo (m)	단락	dal-lak
palavra (f)	단어	dan-eo
grupo (m) de palavras	문구	mun-gu
expressão (f)	표현	pyo-hyeon
sinónimo (m)	동의어	dong-ui-eo
antónimo (m)	반의어	ban-ui-eo
regra (f)	규칙	gyu-chik
exceção (f)	예외	ye-oe
correto	맞는	man-neun
conjugação (f)	활용	hwa-ryong
declinação (f)	어형 변화	eo-hyeong byeon-hwa
caso (m)	격	gyeok
pergunta (f)	질문	jil-mun
sublinhar (vt)	밑줄을 긋다	mit-ju-reul geut-da
linha (f) pontilhada	점선	jeom-seon

98. Línguas estrangeiras

língua (f)	언어	eon-eo
língua (f) estrangeira	외국어	oe-gu-geo
estudar (vt)	공부하다	gong-bu-ha-da
aprender (vt)	배우다	bae-u-da
ler (vt)	읽다	ik-da
falar (vi)	말하다	mal-ha-da
compreender (vt)	이해하다	i-hae-ha-da
escrever (vt)	쓰다	sseu-da
rapidamente	빨리	ppal-li
devagar	천천히	cheon-cheon-hi

fluentemente	유창하게	yu-chang-ha-ge
regras (f pl)	규칙	gyu-chik
gramática (f)	문법	mun-beop
vocabulário (m)	어휘	eo-hwi
fonética (f)	음성학	eum-seong-hak
manual (m) escolar	교과서	gyo-gwa-seo
dicionário (m)	사전	sa-jeon
manual (m) de autoaprendizagem	자습서	ja-seup-seo
guia (m) de conversação	회화집	hoe-hwa-jip
cassete (f)	테이프	te-i-peu
vídeo cassete (m)	비디오테이프	bi-di-o-te-i-peu
CD (m)	씨디	ssi-di
DVD (m)	디비디	di-bi-di
alfabeto (m)	알파벳	al-pa-bet
soletrar (vt)	… 의 철자이다	… ui cheol-ja-i-da
pronúncia (f)	발음	ba-reum
sotaque (m)	악센트	ak-sen-teu
com sotaque	사투리로	sa-tu-ri-ro
sem sotaque	억양 없이	eo-gyang eop-si
palavra (f)	단어	dan-eo
sentido (m)	의미	ui-mi
cursos (m pl)	강좌	gang-jwa
inscrever-se (vr)	등록하다	deung-nok-a-da
professor (m)	강사	gang-sa
tradução (processo)	번역	beo-nyeok
tradução (texto)	번역	beo-nyeok
tradutor (m)	번역가	beo-nyeok-ga
intérprete (m)	통역가	tong-yeok-ga
poliglota (m)	수개 국어를 말하는 사람	su-gae gu-geo-reul mal-ha-neun sa-ram
memória (f)	기억력	gi-eong-nyeok

Descanso. Entretenimento. Viagens

99. Viagens

turismo (m)	관광	gwan-gwang
turista (m)	관광객	gwan-gwang-gaek
viagem (f)	여행	yeo-haeng
aventura (f)	모험	mo-heom
viagem (f)	여행	yeo-haeng
férias (f pl)	휴가	hyu-ga
estar de férias	휴가 중이다	hyu-ga jung-i-da
descanso (m)	휴양	hyu-yang
comboio (m)	기차	gi-cha
de comboio (chegar ~)	기차로	gi-cha-ro
avião (m)	비행기	bi-haeng-gi
de avião	비행기로	bi-haeng-gi-ro
de carro	자동차로	ja-dong-cha-ro
de navio	배로	bae-ro
bagagem (f)	짐, 수하물	jim, su-ha-mul
mala (f)	여행 가방	yeo-haeng ga-bang
carrinho (m)	수하물 카트	su-ha-mul ka-teu
passaporte (m)	여권	yeo-gwon
visto (m)	비자	bi-ja
bilhete (m)	표	pyo
bilhete (m) de avião	비행기표	bi-haeng-gi-pyo
guia (m) de viagem	여행 안내서	yeo-haeng an-nae-seo
mapa (m)	지도	ji-do
local (m), area (f)	지역	ji-yeok
lugar, sítio (m)	곳	got
exotismo (m)	이국	i-guk
exótico	이국적인	i-guk-jeo-gin
surpreendente	놀라운	nol-la-un
grupo (m)	무리	mu-ri
excursão (f)	견학, 관광	gyeon-hak, gwan-gwang
guia (m)	가이드	ga-i-deu

100. Hotel

hotel (m), pensão (f)	호텔	ho-tel
motel (m)	모텔	mo-tel
três estrelas	3성급	sam-seong-geub

cinco estrelas	5성급	o-seong-geub
ficar (~ num hotel)	머무르다	meo-mu-reu-da
quarto (m)	객실	gaek-sil
quarto (m) individual	일인실	i-rin-sil
quarto (m) duplo	더블룸	deo-beul-lum
reservar um quarto	방을 예약하다	bang-eul rye-yak-a-da
meia pensão (f)	하숙	ha-suk
pensão (f) completa	식사 제공	sik-sa je-gong
com banheira	욕조가 있는	yok-jo-ga in-neun
com duche	샤워가 있는	sya-wo-ga in-neun
televisão (m) satélite	위성 텔레비전	wi-seong tel-le-bi-jeon
ar (m) condicionado	에어컨	e-eo-keon
toalha (f)	수건	su-geon
chave (f)	열쇠	yeol-soe
administrador (m)	관리자	gwal-li-ja
camareira (f)	객실 청소부	gaek-sil cheong-so-bu
bagageiro (m)	포터	po-teo
porteiro (m)	도어맨	do-eo-maen
restaurante (m)	레스토랑	re-seu-to-rang
bar (m)	바	ba
pequeno-almoço (m)	아침식사	a-chim-sik-sa
jantar (m)	저녁식사	jeo-nyeok-sik-sa
buffet (m)	뷔페	bwi-pe
hall (m) de entrada	로비	ro-bi
elevador (m)	엘리베이터	el-li-be-i-teo
NÃO PERTURBE	방해하지 마세요	bang-hae-ha-ji ma-se-yo
PROIBIDO FUMAR!	금연	geu-myeon

EQUIPAMENTO TÉCNICO. TRANSPORTES

Equipamento técnico. Transportes

101. Computador

computador (m)	컴퓨터	keom-pyu-teo
portátil (m)	노트북	no-teu-buk
ligar (vt)	켜다	kyeo-da
desligar (vt)	끄다	kkeu-da
teclado (m)	키보드	ki-bo-deu
tecla (f)	키	ki
rato (m)	마우스	ma-u-seu
tapete (m) de rato	마우스 패드	ma-u-seu pae-deu
botão (m)	버튼	beo-teun
cursor (m)	커서	keo-seo
monitor (m)	모니터	mo-ni-teo
ecrã (m)	화면, 스크린	hwa-myeon
disco (m) rígido	하드 디스크	ha-deu di-seu-keu
capacidade (f) do disco rígido	하드 디스크 용량	ha-deu di-seu-keu yong-nyang
memória (f)	메모리	me-mo-ri
memória (f) operativa	램	raem
ficheiro (m)	파일	pa-il
pasta (f)	폴더	pol-deo
abrir (vt)	열다	yeol-da
fechar (vt)	닫다	dat-da
guardar (vt)	저장하다	jeo-jang-ha-da
apagar, eliminar (vt)	삭제하다	sak-je-ha-da
copiar (vt)	복사하다	bok-sa-ha-da
ordenar (vt)	정렬하다	jeong-nyeol-ha-da
copiar (vt)	전송하다	jeon-song-ha-da
programa (m)	프로그램	peu-ro-geu-raem
software (m)	소프트웨어	so-peu-teu-we-eo
programador (m)	프로그래머	peu-ro-geu-rae-meo
programar (vt)	프로그램을 작성하다	peu-ro-geu-rae-meul jak-seong-ha-da
hacker (m)	해커	hae-keo
senha (f)	비밀번호	bi-mil-beon-ho
vírus (m)	바이러스	ba-i-reo-seu

detetar (vt)	발견하다	bal-gyeon-ha-da
byte (m)	바이트	ba-i-teu
megabyte (m)	메가바이트	me-ga-ba-i-teu
dados (m pl)	데이터	de-i-teo
base (f) de dados	데이터베이스	de-i-teo-be-i-seu
cabo (m)	케이블	ke-i-beul
desconectar (vt)	연결해제하다	yeon-gyeol-hae-je-ha-da
conetar (vt)	연결하다	yeon-gyeol-ha-da

102. Internet. E-mail

internet (f)	인터넷	in-teo-net
browser (m)	브라우저	beu-ra-u-jeo
motor (m) de busca	검색 엔진	geom-saek gen-jin
provedor (m)	인터넷 서비스 제공자	in-teo-net seo-bi-seu je-gong-ja
webmaster (m)	웹마스터	wem-ma-seu-teo
website, sítio web (m)	웹사이트	wep-sa-i-teu
página (f) web	웹페이지	wep-pe-i-ji
endereço (m)	주소	ju-so
livro (m) de endereços	주소록	ju-so-rok
caixa (f) de correio	우편함	u-pyeon-ham
correio (m)	메일	me-il
mensagem (f)	메시지	me-si-ji
remetente (m)	발송인	bal-song-in
enviar (vt)	보내다	bo-nae-da
envio (m)	발송	bal-song
destinatário (m)	수신인	su-sin-in
receber (vt)	받다	bat-da
correspondência (f)	서신 교환	seo-sin gyo-hwan
corresponder-se (vr)	편지를 주고 받다	pyeon-ji-reul ju-go bat-da
ficheiro (m)	파일	pa-il
fazer download, baixar	다운받다	da-un-bat-da
criar (vt)	창조하다	chang-jo-ha-da
apagar, eliminar (vt)	삭제하다	sak-je-ha-da
eliminado	삭제된	sak-je-doen
ligação (f)	연결	yeon-gyeol
velocidade (f)	속도	sok-do
acesso (m)	접속	jeop-sok
porta (f)	포트	po-teu
conexão (f)	연결	yeon-gyeol
conetar (vi)	… 에 연결하다	… e yeon-gyeol-ha-da
escolher (vt)	선택하다	seon-taek-a-da
buscar (vt)	… 를 검색하다	… reul geom-saek-a-da

103. Eletricidade

eletricidade (f)	전기	jeon-gi
elétrico	전기의	jeon-gi-ui
central (f) elétrica	발전소	bal-jeon-so
energia (f)	에너지	e-neo-ji
energia (f) elétrica	전력	jeol-lyeok
lâmpada (f)	전구	jeon-gu
lanterna (f)	손전등	son-jeon-deung
poste (m) de iluminação	가로등	ga-ro-deung
luz (f)	전깃불	jeon-git-bul
ligar (vt)	켜다	kyeo-da
desligar (vt)	끄다	kkeu-da
apagar a luz	불을 끄다	bu-reul kkeu-da
fundir (vi)	끊어지다	kkeu-neo-ji-da
curto-circuito (m)	쇼트	syo-teu
rutura (f)	절단	jeol-dan
contacto (m)	접촉	jeop-chok
interruptor (m)	스위치	seu-wi-chi
tomada (f)	소켓	so-ket
ficha (f)	플러그	peul-leo-geu
extensão (f)	연장 코드	yeon-jang ko-deu
fusível (m)	퓨즈	pyu-jeu
fio, cabo (m)	전선	jeon-seon
instalação (f) elétrica	배선	bae-seon
ampere (m)	암페어	am-pe-eo
amperagem (f)	암페어수	am-pe-eo-su
volt (m)	볼트	bol-teu
voltagem (f)	전압	jeon-ap
aparelho (m) elétrico	전기기구	jeon-gi-gi-gu
indicador (m)	센서	sen-seo
eletricista (m)	전기 기사	jeon-gi gi-sa
soldar (vt)	납땜하다	nap-ttaem-ha-da
ferro (m) de soldar	납땜인두	nap-ttaem-in-du
corrente (f) elétrica	전류	jeol-lyu

104. Ferramentas

ferramenta (f)	공구	gong-gu
ferramentas (f pl)	공구	gong-gu
equipamento (m)	장비	jang-bi
martelo (m)	망치	mang-chi
chave (f) de fendas	나사돌리개	na-sa-dol-li-gae
machado (m)	도끼	do-kki

serra (f)	톱	top
serrar (vt)	톱을 켜다	to-beul kyeo-da
plaina (f)	대패	dae-pae
aplainar (vt)	대패질하다	dae-pae-jil-ha-da
ferro (m) de soldar	납땜인두	nap-ttaem-in-du
soldar (vt)	납땜하다	nap-ttaem-ha-da
lima (f)	줄	jul
tenaz (f)	집게	jip-ge
alicate (m)	펜치	pen-chi
formão (m)	끌	kkeul
broca (f)	드릴 비트	deu-ril bi-teu
berbequim (f)	전동 드릴	jeon-dong deu-ril
furar (vt)	뚫다	ttul-ta
faca (f)	칼, 나이프	kal, na-i-peu
lâmina (f)	칼날	kal-lal
afiado	날카로운	nal-ka-ro-un
cego	무딘	mu-din
embotar-se (vr)	무뎌지다	mu-dyeo-ji-da
afiar, amolar (vt)	갈다	gal-da
parafuso (m)	볼트	bol-teu
porca (f)	너트	neo-teu
rosca (f)	나사산	na-sa-san
parafuso (m) para madeira	나사못	na-sa-mot
prego (m)	못	mot
cabeça (f) do prego	못대가리	mot-dae-ga-ri
régua (f)	자	ja
fita (f) métrica	줄자	jul-ja
nível (m)	수준기	su-jun-gi
lupa (f)	돋보기	dot-bo-gi
medidor (m)	계측기	gye-cheuk-gi
medir (vt)	측정하다	cheuk-jeong-ha-da
escala (f)	눈금	nun-geum
leitura (f)	판독값	pan-dok-gap
compressor (m)	컴프레서	keom-peu-re-seo
microscópio (m)	현미경	hyeon-mi-gyeong
bomba (f)	펌프	peom-peu
robô (m)	로봇	ro-bot
laser (m)	레이저	re-i-jeo
chave (f) de boca	스패너	seu-pae-neo
fita (f) adesiva	스카치 테이프	seu-ka-chi te-i-peu
cola (f)	접착제	jeop-chak-je
lixa (f)	사포	sa-po
íman (m)	자석	ja-seok
luvas (f pl)	장갑	jang-gap

Português	한국어	Romanização
corda (f)	밧줄	bat-jul
cordel (m)	끈	kkeun
fio (m)	전선	jeon-seon
cabo (m)	케이블	ke-i-beul
marreta (f)	슬레지해머	seul-le-ji-hae-meo
pé de cabra (f)	쇠지레	soe-ji-re
escada (f) de mão	사다리	sa-da-ri
escadote (m)	접사다리	jeop-sa-da-ri
enroscar (vt)	돌려서 조이다	dol-lyeo-seo jo-i-da
desenroscar (vt)	열리다	yeol-li-da
apertar (vt)	조이다	jo-i-da
colar (vt)	붙이다	bu-chi-da
cortar (vt)	자르다	ja-reu-da
falha (mau funcionamento)	고장	go-jang
conserto (m)	수리	su-ri
consertar, reparar (vt)	보수하다	bo-su-ha-da
regular, ajustar (vt)	조절하다	jo-jeol-ha-da
verificar (vt)	확인하다	hwa-gin-ha-da
verificação (f)	확인	hwa-gin
leitura (f)	판독값	pan-dok-gap
seguro	믿을 만한	mi-deul man-han
complicado	복잡한	bok-ja-pan
enferrujar (vi)	녹이 슬다	no-gi seul-da
enferrujado	녹이 슨	no-gi seun
ferrugem (f)	녹	nok

Transportes

105. Avião

avião (m)	비행기	bi-haeng-gi
bilhete (m) de avião	비행기표	bi-haeng-gi-pyo
companhia (f) aérea	항공사	hang-gong-sa
aeroporto (m)	공항	gong-hang
supersónico	초음속의	cho-eum-so-gui
piloto (m)	비행사	bi-haeng-sa
hospedeira (f) de bordo	승무원	seung-mu-won
copiloto (m)	항법사	hang-beop-sa
asas (f pl)	날개	nal-gae
cauda (f)	꼬리	kko-ri
cabine (f) de pilotagem	조종석	jo-jong-seok
motor (m)	엔진	en-jin
trem (m) de aterragem	착륙 장치	chang-nyuk jang-chi
turbina (f)	터빈	teo-bin
hélice (f)	추진기	chu-jin-gi
caixa-preta (f)	블랙박스	beul-laek-bak-seu
coluna (f) de controlo	조종간	jo-jong-gan
combustível (m)	연료	yeol-lyo
instruções (f pl) de segurança	안전 안내서	an-jeon an-nae-seo
máscara (f) de oxigénio	산소 마스크	san-so ma-seu-keu
uniforme (m)	제복	je-bok
colete (m) salva-vidas	구명조끼	gu-myeong-jo-kki
paraquedas (m)	낙하산	nak-a-san
descolagem (f)	이륙	i-ryuk
descolar (vi)	이륙하다	i-ryuk-a-da
pista (f) de descolagem	활주로	hwal-ju-ro
visibilidade (f)	시계	si-gye
voo (m)	비행	bi-haeng
altura (f)	고도	go-do
poço (m) de ar	에어 포켓	e-eo po-ket
assento (m)	자리	ja-ri
auscultadores (m pl)	헤드폰	he-deu-pon
mesa (f) rebatível	접는 테이블	jeom-neun te-i-beul
vigia (f)	창문	chang-mun
passagem (f)	통로	tong-no

106. Comboio

comboio (m)	기차, 열차	gi-cha, nyeol-cha
comboio (m) suburbano	통근 열차	tong-geun nyeol-cha
comboio (m) rápido	급행 열차	geu-paeng yeol-cha
locomotiva (f) diesel	디젤 기관차	di-jel gi-gwan-cha
comboio (m) a vapor	증기 기관차	jeung-gi gi-gwan-cha
carruagem (f)	객차	gaek-cha
carruagem restaurante (f)	식당차	sik-dang-cha
carris (m pl)	레일	re-il
caminho de ferro (m)	철도	cheol-do
travessa (f)	침목	chim-mok
plataforma (f)	플랫폼	peul-laet-pom
linha (f)	길	gil
semáforo (m)	신호기	sin-ho-gi
estação (f)	역	yeok
maquinista (m)	기관사	gi-gwan-sa
bagageiro (m)	포터	po-teo
hospedeiro, -a (da carruagem)	차장	cha-jang
passageiro (m)	승객	seung-gaek
revisor (m)	검표원	geom-pyo-won
corredor (m)	통로	tong-no
freio (m) de emergência	비상 브레이크	bi-sang beu-re-i-keu
compartimento (m)	침대차	chim-dae-cha
cama (f)	침대	chim-dae
cama (f) de cima	윗침대	wit-chim-dae
cama (f) de baixo	아래 침대	a-rae chim-dae
roupa (f) de cama	침구	chim-gu
bilhete (m)	표	pyo
horário (m)	시간표	si-gan-pyo
painel (m) de informação	안내 전광판	an-nae jeon-gwang-pan
partir (vt)	떠난다	tteo-na-da
partida (f)	출발	chul-bal
chegar (vi)	도착하다	do-chak-a-da
chegada (f)	도착	do-chak
chegar de comboio	기차로 도착하다	gi-cha-ro do-chak-a-da
apanhar o comboio	기차에 타다	gi-cha-e ta-da
sair do comboio	기차에서 내리다	gi-cha-e-seo nae-ri-da
acidente (m) ferroviário	기차 사고	gi-cha sa-go
comboio (m) a vapor	증기 기관차	jeung-gi gi-gwan-cha
fogueiro (m)	화부	hwa-bu
fornalha (f)	화실	hwa-sil
carvão (m)	석탄	seok-tan

107. Barco

navio (m)	배	bae
embarcação (f)	배	bae
vapor (m)	증기선	jeung-gi-seon
navio (m)	강배	gang-bae
transatlântico (m)	크루즈선	keu-ru-jeu-seon
cruzador (m)	순양함	su-nyang-ham
iate (m)	요트	yo-teu
rebocador (m)	예인선	ye-in-seon
veleiro (m)	범선	beom-seon
bergantim (m)	쌍돛대 범선	ssang-dot-dae beom-seon
quebra-gelo (m)	쇄빙선	swae-bing-seon
submarino (m)	잠수함	jam-su-ham
bote, barco (m)	보트	bo-teu
bote, dingue (m)	종선	jong-seon
bote (m) salva-vidas	구조선	gu-jo-seon
lancha (f)	모터보트	mo-teo-bo-teu
capitão (m)	선장	seon-jang
marinheiro (m)	수부	su-bu
marujo (m)	선원	seon-won
tripulação (f)	승무원	seung-mu-won
contramestre (m)	갑판장	gap-pan-jang
cozinheiro (m) de bordo	요리사	yo-ri-sa
médico (m) de bordo	선의	seon-ui
convés (m)	갑판	gap-pan
mastro (m)	돛대	dot-dae
vela (f)	돛	dot
porão (m)	화물칸	hwa-mul-kan
proa (f)	이물	i-mul
popa (f)	고물	go-mul
remo (m)	노	no
hélice (f)	스크루	seu-keu-ru
camarote (m)	선실	seon-sil
sala (f) dos oficiais	사관실	sa-gwan-sil
sala (f) das máquinas	엔진실	en-jin-sil
sala (f) de comunicações	무전실	mu-jeon-sil
onda (f) de rádio	전파	jeon-pa
luneta (f)	망원경	mang-won-gyeong
sino (m)	종	jong
bandeira (f)	기	gi
cabo (m)	밧줄	bat-jul
nó (m)	매듭	mae-deup

Português	한국어	Romanização
corrimão (m)	난간	nan-gan
prancha (f) de embarque	사다리	sa-da-ri
âncora (f)	닻	dat
recolher a âncora	닻을 올리다	da-cheul rol-li-da
lançar a âncora	닻을 내리다	da-cheul lae-ri-da
amarra (f)	닻줄	dat-jul
porto (m)	항구	hang-gu
cais, amarradouro (m)	부두	bu-du
atracar (vi)	정박시키다	jeong-bak-si-ki-da
desatracar (vi)	출항하다	chul-hang-ha-da
viagem (f)	여행	yeo-haeng
cruzeiro (m)	크루즈	keu-ru-jeu
rumo (m), rota (f)	항로	hang-no
itinerário (m)	노선	no-seon
canal (m) navegável	항로	hang-no
baixio (m)	얕은 곳	ya-teun got
encalhar (vt)	좌초하다	jwa-cho-ha-da
tempestade (f)	폭풍우	pok-pung-u
sinal (m)	신호	sin-ho
afundar-se (vr)	가라앉다	ga-ra-an-da
SOS	조난 신호	jo-nan sin-ho
boia (f) salva-vidas	구명부환	gu-myeong-bu-hwan

108. Aeroporto

Português	한국어	Romanização
aeroporto (m)	공항	gong-hang
avião (m)	비행기	bi-haeng-gi
companhia (f) aérea	항공사	hang-gong-sa
controlador (m) de tráfego aéreo	관제사	gwan-je-sa
partida (f)	출발	chul-bal
chegada (f)	도착	do-chak
chegar (~ de avião)	도착하다	do-chak-a-da
hora (f) de partida	출발시간	chul-bal-si-gan
hora (f) de chegada	도착시간	do-chak-si-gan
estar atrasado	연기되다	yeon-gi-doe-da
atraso (m) de voo	항공기 지연	hang-gong-gi ji-yeon
painel (m) de informação	안내 전광판	an-nae jeon-gwang-pan
informação (f)	정보	jeong-bo
anunciar (vt)	알리다	al-li-da
voo (m)	비행편	bi-haeng-pyeon
alfândega (f)	세관	se-gwan
funcionário (m) da alfândega	세관원	se-gwan-won
declaração (f) alfandegária	세관신고서	se-gwan-sin-go-seo

preencher a declaração	세관 신고서를 작성하다	se-gwan sin-go-seo-reul jak-seong-ha-da
controlo (m) de passaportes	여권 검사	yeo-gwon geom-sa
bagagem (f)	짐, 수하물	jim, su-ha-mul
bagagem (f) de mão	휴대 가능 수하물	hyu-dae ga-neung su-ha-mul
carrinho (m)	수하물 카트	su-ha-mul ka-teu
aterragem (f)	착륙	chang-nyuk
pista (f) de aterragem	활주로	hwal-ju-ro
aterrar (vi)	착륙하다	chang-nyuk-a-da
escada (f) de avião	승강계단	seung-gang-gye-dan
check-in (m)	체크인	che-keu-in
balcão (m) do check-in	체크인 카운터	che-keu-in ka-un-teo
fazer o check-in	체크인하다	che-keu-in-ha-da
cartão (m) de embarque	탑승권	tap-seung-gwon
porta (f) de embarque	탑승구	tap-seung-gu
trânsito (m)	트랜싯, 환승	teu-raen-sit, hwan-seung
esperar (vi, vt)	기다리다	gi-da-ri-da
sala (f) de espera	공항 라운지	gong-hang na-un-ji
despedir-se de ...	배웅하다	bae-ung-ha-da
despedir-se (vr)	작별인사를 하다	jak-byeo-rin-sa-reul ha-da

Eventos

109. Férias. Evento

festa (f)	휴일	hyu-il
festa (f) nacional	국경일	guk-gyeong-il
feriado (m)	공휴일	gong-hyu-il
festejar (vt)	기념하다	gi-nyeom-ha-da
evento (festa, etc.)	사건	sa-geon
evento (banquete, etc.)	이벤트	i-ben-teu
banquete (m)	연회	yeon-hoe
receção (f)	리셉션	ri-sep-syeon
festim (m)	연회	yeon-hoe
aniversário (m)	기념일	gi-nyeom-il
jubileu (m)	기념일	gi-nyeom-il
celebrar (vt)	경축하다	gyeong-chuk-a-da
Ano (m) Novo	새해	sae-hae
Feliz Ano Novo!	새해 복 많이 받으세요!	sae-hae bok ma-ni ba-deu-se-yo!
Pai (m) Natal	산타클로스	san-ta-keul-lo-seu
Natal (m)	크리스마스	keu-ri-seu-ma-seu
Feliz Natal!	성탄을 축하합니다!	seong-ta-neul chuk-a-ham-ni-da!
árvore (f) de Natal	크리스마스트리	keu-ri-seu-ma-seu-teu-ri
fogo (m) de artifício	불꽃놀이	bul-kkon-no-ri
boda (f)	결혼식	gyeol-hon-sik
noivo (m)	신랑	sil-lang
noiva (f)	신부	sin-bu
convidar (vt)	초대하다	cho-dae-ha-da
convite (m)	초대장	cho-dae-jang
convidado (m)	손님	son-nim
visitar (vt)	방문하다	bang-mun-ha-da
receber os hóspedes	손님을 맞이하다	son-ni-meul ma-ji-ha-da
presente (m)	선물	seon-mul
oferecer (vt)	선물 하다	seon-mul ha-da
receber presentes	선물 받다	seon-mul bat-da
ramo (m) de flores	꽃다발	kkot-da-bal
felicitações (f pl)	축하를	chuk-a-reul
felicitar (dar os parabéns)	축하하다	chuk-a-ha-da
cartão (m) de parabéns	축하 카드	chuk-a ka-deu
enviar um postal	카드를 보내다	ka-deu-reul bo-nae-da

receber um postal	카드 받다	ka-deu bat-da
brinde (m)	축배	chuk-bae
oferecer (vt)	대접하다	dae-jeo-pa-da
champanhe (m)	샴페인	syam-pe-in

divertir-se (vr)	즐기다	jeul-gi-da
diversão (f)	즐거움	jeul-geo-um
alegria (f)	기쁜, 즐거움	gi-ppeun, jeul-geo-um

dança (f)	춤	chum
dançar (vi)	춤추다	chum-chu-da

valsa (f)	왈츠	wal-cheu
tango (m)	탱고	taeng-go

110. Funerais. Enterro

cemitério (m)	묘지	myo-ji
sepultura (f), túmulo (m)	무덤	mu-deom
cruz (f)	십자가	sip-ja-ga
lápide (f)	묘석	myo-seok
cerca (f)	울타리	ul-ta-ri
capela (f)	채플	chae-peul

morte (f)	죽음	ju-geum
morrer (vi)	죽다	juk-da
defunto (m)	고인	go-in
luto (m)	상	sang

enterrar, sepultar (vt)	묻다	mut-da
agência (f) funerária	장례식장	jang-nye-sik-jang
funeral (m)	장례식	jang-nye-sik

coroa (f) de flores	화환	hwa-hwan
caixão (m)	관	gwan
carro (m) funerário	영구차	yeong-gu-cha
mortalha (f)	수의	su-ui

urna (f) funerária	유골 단지	yu-gol dan-ji
crematório (m)	화장장	hwa-jang-jang

obituário (m), necrologia (f)	부고	bu-go
chorar (vi)	울다	ul-da
soluçar (vi)	흐느껴 울다	heu-neu-kkyeo ul-da

111. Guerra. Soldados

pelotão (m)	소대	so-dae
companhia (f)	중대	jung-dae
regimento (m)	연대	yeon-dae
exército (m)	군대	gun-dae
divisão (f)	사단	sa-dan

destacamento (m)	분대	bun-dae
hoste (f)	군대	gun-dae

soldado (m)	군인	gun-in
oficial (m)	장교	jang-gyo

soldado (m) raso	일병	il-byeong
sargento (m)	병장	byeong-jang
tenente (m)	중위	jung-wi
capitão (m)	대위	dae-wi
major (m)	소령	so-ryeong
coronel (m)	대령	dae-ryeong
general (m)	장군	jang-gun

marujo (m)	선원	seon-won
capitão (m)	대위	dae-wi
contramestre (m)	갑판장	gap-pan-jang

artilheiro (m)	포병	po-byeong
soldado (m) paraquedista	낙하산 부대원	nak-a-san bu-dae-won
piloto (m)	조종사	jo-jong-sa
navegador (m)	항법사	hang-beop-sa
mecânico (m)	정비공	jeong-bi-gong

sapador (m)	공병대원	gong-byeong-dae-won
paraquedista (m)	낙하산병	nak-a-san-byeong
explorador (m)	정찰대	jeong-chal-dae
franco-atirador (m)	저격병	jeo-gyeok-byeong

patrulha (f)	순찰	sun-chal
patrulhar (vt)	순찰하다	sun-chal-ha-da
sentinela (f)	경비병	gyeong-bi-byeong

guerreiro (m)	전사	jeon-sa
patriota (m)	애국자	ae-guk-ja
herói (m)	영웅	yeong-ung
heroína (f)	여걸	yeo-geol

traidor (m)	매국노	mae-gung-no
desertor (m)	탈영병	ta-ryeong-byeong
desertar (vt)	탈영하다	ta-ryeong-ha-da

mercenário (m)	용병	yong-byeong
recruta (m)	훈련병	hul-lyeon-byeong
voluntário (m)	지원병	ji-won-byeong

morto (m)	사망자	sa-mang-ja
ferido (m)	부상자	bu-sang-ja
prisioneiro (m) de guerra	포로	po-ro

112. Guerra. Ações militares. Parte 1

guerra (f)	전쟁	jeon-jaeng
guerrear (vt)	참전하다	cham-jeon-ha-da

Português	한국어	Romanização
guerra (f) civil	내전	nae-jeon
perfidamente	비겁하게	bi-geo-pa-ge
declaração (f) de guerra	선전 포고	seon-jeon po-go
declarar (vt) guerra	선포하다	seon-po-ha-da
agressão (f)	침략	chim-nyak
atacar (vt)	공격하다	gong-gyeo-ka-da
invadir (vt)	침략하다	chim-nyak-a-da
invasor (m)	침략자	chim-nyak-ja
conquistador (m)	정복자	jeong-bok-ja
defesa (f)	방어	bang-eo
defender (vt)	방어하다	bang-eo-ha-da
defender-se (vr)	… 를 방어하다	… reul bang-eo-ha-da
inimigo (m)	적	jeok
adversário (m)	원수	won-su
inimigo	적의	jeo-gui
estratégia (f)	전략	jeol-lyak
tática (f)	전술	jeon-sul
ordem (f)	명령	myeong-nyeong
comando (m)	명령	myeong-nyeong
ordenar (vt)	명령하다	myeong-nyeong-ha-da
missão (f)	임무	im-mu
secreto	비밀의	bi-mi-rui
batalha (f)	전투	jeon-tu
combate (m)	전투	jeon-tu
ataque (m)	공격	gong-gyeok
assalto (m)	돌격	dol-gyeok
assaltar (vt)	습격하다	seup-gyeok-a-da
assédio, sítio (m)	포위 공격	po-wi gong-gyeok
ofensiva (f)	공세	gong-se
passar à ofensiva	공격하다	gong-gyeo-ka-da
retirada (f)	퇴각	toe-gak
retirar-se (vr)	퇴각하다	toe-gak-a-da
cerco (m)	포위	po-wi
cercar (vt)	둘러싸다	dul-leo-ssa-da
bombardeio (m)	폭격	pok-gyeok
lançar uma bomba	폭탄을 투하하다	pok-ta-neul tu-ha-ha-da
bombardear (vt)	폭격하다	pok-gyeok-a-da
explosão (f)	폭발	pok-bal
tiro (m)	발포	bal-po
disparar um tiro	쏘다	sso-da
tiroteio (m)	사격	sa-gyeok
apontar para …	겨냥대다	gyeo-nyang-dae-da
apontar (vt)	총을 겨누다	chong-eul gyeo-nu-da

acertar (vt)	맞히다	ma-chi-da
afundar (um navio)	가라앉히다	ga-ra-an-chi-da
brecha (f)	구멍	gu-meong
afundar (vi)	가라앉히다	ga-ra-an-chi-da
frente (m)	전선	jeon-seon
evacuação (f)	철수	cheol-su
evacuar (vt)	대피시키다	dae-pi-si-ki-da
trincheira (f)	참호	cham-ho
arame (m) farpado	가시철사	ga-si-cheol-sa
obstáculo (m) anticarro	장애물	jang-ae-mul
torre (f) de vigia	감시탑	gam-si-tap
hospital (m)	군 병원	gun byeong-won
ferir (vt)	부상을 입히다	bu-sang-eul ri-pi-da
ferida (f)	부상	bu-sang
ferido (m)	부상자	bu-sang-ja
ficar ferido	부상을 입다	bu-sang-eul rip-da
grave (ferida ~)	심각한	sim-gak-an

113. Guerra. Ações militares. Parte 2

cativeiro (m)	사로잡힘	sa-ro-ja-pim
capturar (vt)	포로로 하다	po-ro-ro ha-da
estar em cativeiro	사로잡히어	sa-ro-ja-pi-eo
ser aprisionado	포로가 되다	po-ro-ga doe-da
campo (m) de concentração	강제 수용소	gang-je su-yong-so
prisioneiro (m) de guerra	포로	po-ro
escapar (vi)	탈출하다	tal-chul-ha-da
trair (vt)	팔아먹다	pa-ra-meok-da
traidor (m)	배반자	bae-ban-ja
traição (f)	배반	bae-ban
fuzilar, executar (vt)	총살하다	chong-sal-ha-da
fuzilamento (m)	총살형	chong-sal-hyeong
equipamento (m)	군장	gun-jang
platina (f)	계급 견장	gye-geup gyeon-jang
máscara (f) antigás	가스 마스크	ga-seu ma-seu-keu
rádio (m)	군용무전기	gu-nyong-mu-jeon-gi
cifra (f), código (m)	암호	am-ho
conspiração (f)	비밀 유지	bi-mil ryu-ji
senha (f)	비밀번호	bi-mil-beon-ho
mina (f)	지뢰	ji-roe
minar (vt)	지뢰를 매설하다	ji-roe-reul mae-seol-ha-da
campo (m) minado	지뢰밭	ji-roe-bat
alarme (m) aéreo	공습 경보	gong-seup gyeong-bo
alarme (m)	경보	gyeong-bo

sinal (m)	신호	sin-ho
sinalizador (m)	신호탄	sin-ho-tan
estado-maior (m)	본부	bon-bu
reconhecimento (m)	정찰	jeong-chal
situação (f)	정세	jeong-se
relatório (m)	보고	bo-go
emboscada (f)	기습	gi-seup
reforço (m)	강화	gang-hwa
alvo (m)	과녁	gwa-nyeok
campo (m) de tiro	성능 시험장	seong-neung si-heom-jang
manobras (f pl)	군사 훈련	gun-sa hul-lyeon
pânico (m)	공황	gong-hwang
devastação (f)	파멸	pa-myeol
ruínas (f pl)	파괴	pa-goe
destruir (vt)	파괴하다	pa-goe-ha-da
sobreviver (vi)	살아남다	sa-ra-nam-da
desarmar (vt)	무장해제하다	mu-jang-hae-je-ha-da
manusear (vt)	다루다	da-ru-da
Firmes!	차려!	cha-ryeo!
Descansar!	쉬어!	swi-eo!
façanha (f)	무훈	mu-hun
juramento (m)	맹세	maeng-se
jurar (vi)	맹세하다	maeng-se-ha-da
condecoração (f)	훈장	hun-jang
condecorar (vt)	훈장을 주다	hun-jang-eul ju-da
medalha (f)	메달	me-dal
ordem (f)	훈장	hun-jang
vitória (f)	승리	seung-ni
derrota (f)	패배	pae-bae
armistício (m)	휴전	hyu-jeon
bandeira (f)	기	gi
glória (f)	영광	yeong-gwang
desfile (m) militar	퍼레이드	peo-re-i-deu
marchar (vi)	행진하다	haeng-jin-ha-da

114. Armas

arma (f)	무기	mu-gi
arma (f) de fogo	화기	hwa-gi
arma (f) química	화학 병기	hwa-hak byeong-gi
nuclear	핵의	hae-gui
arma (f) nuclear	핵무기	haeng-mu-gi
bomba (f)	폭탄	pok-tan
bomba (f) atómica	원자폭탄	won-ja-pok-tan

pistola (f)	권총	gwon-chong
caçadeira (f)	장총	jang-chong
pistola-metralhadora (f)	기관단총	gi-gwan-dan-chong
metralhadora (f)	기관총	gi-gwan-chong
boca (f)	총구	chong-gu
cano (m)	총열	chong-yeol
calibre (m)	구경	gu-gyeong
gatilho (m)	방아쇠	bang-a-soe
mira (f)	가늠자	ga-neum-ja
coronha (f)	개머리	gae-meo-ri
granada (f) de mão	수류탄	su-ryu-tan
explosivo (m)	폭약	po-gyak
bala (f)	총알	chong-al
cartucho (m)	탄약통	ta-nyak-tong
carga (f)	화약	hwa-yak
munições (f pl)	탄약	ta-nyak
bombardeiro (m)	폭격기	pok-gyeok-gi
avião (m) de caça	전투기	jeon-tu-gi
helicóptero (m)	헬리콥터	hel-li-kop-teo
canhão (m) antiaéreo	대공포	dae-gong-po
tanque (m)	전차	jeon-cha
artilharia (f)	대포	dae-po
canhão (m)	대포	dae-po
fazer a pontaria	총을 겨누다	chong-eul gyeo-nu-da
obus (m)	탄피	tan-pi
granada (f) de morteiro	박격포탄	bak-gyeok-po-tan
morteiro (m)	박격포	bak-gyeok-po
estilhaço (m)	포탄파편	po-tan-pa-pyeon
submarino (m)	잠수함	jam-su-ham
torpedo (m)	어뢰	eo-roe
míssil (m)	미사일	mi-sa-il
carregar (uma arma)	장탄하다	jang-tan-ha-da
atirar, disparar (vi)	쏘다	sso-da
apontar para …	총을 겨누다	chong-eul gyeo-nu-da
baioneta (f)	총검	chong-geom
espada (f)	레이피어	re-i-pi-eo
sabre (m)	군도	gun-do
lança (f)	창	chang
arco (m)	활	hwal
flecha (f)	화살	hwa-sal
mosquete (m)	머스킷	meo-seu-kit
besta (f)	석궁	seok-gung

115. Povos da antiguidade

primitivo	원시적인	won-si-jeo-gin
pré-histórico	선사시대의	seon-sa-si-dae-ui
antigo	고대의	go-dae-ui
Idade (f) da Pedra	석기 시대	seok-gi si-dae
Idade (f) do Bronze	청동기 시대	cheong-dong-gi si-dae
período (m) glacial	빙하 시대	bing-ha si-dae
tribo (f)	부족	bu-jok
canibal (m)	식인종	si-gin-jong
caçador (m)	사냥꾼	sa-nyang-kkun
caçar (vi)	사냥하다	sa-nyang-ha-da
mamute (m)	매머드	mae-meo-deu
caverna (f)	동굴	dong-gul
fogo (m)	불	bul
fogueira (f)	모닥불	mo-dak-bul
pintura (f) rupestre	동굴 벽화	dong-gul byeok-wa
ferramenta (f)	도구	do-gu
lança (f)	창	chang
machado (m) de pedra	돌도끼	dol-do-kki
guerrear (vt)	참전하다	cham-jeon-ha-da
domesticar (vt)	길들이다	gil-deu-ri-da
ídolo (m)	우상	u-sang
adorar, venerar (vt)	숭배하다	sung-bae-ha-da
superstição (f)	미신	mi-sin
evolução (f)	진화	jin-hwa
desenvolvimento (m)	개발	gae-bal
desaparecimento (m)	멸종	myeol-jong
adaptar-se (vr)	적응하다	jeo-geung-ha-da
arqueologia (f)	고고학	go-go-hak
arqueólogo (m)	고고학자	go-go-hak-ja
arqueológico	고고학의	go-go-ha-gui
local (m) das escavações	발굴 현장	bal-gul hyeon-jang
escavações (f pl)	발굴	bal-gul
achado (m)	발견물	bal-gyeon-mul
fragmento (m)	파편	pa-pyeon

116. Idade média

povo (m)	민족	min-jok
povos (m pl)	민족	min-jok
tribo (f)	부족	bu-jok
tribos (f pl)	부족들	bu-jok-deul
bárbaros (m pl)	오랑캐	o-rang-kae
gauleses (m pl)	갈리아인	gal-li-a-in

godos (m pl)	고트족	go-teu-jok
eslavos (m pl)	슬라브족	seul-la-beu-jok
víquingues (m pl)	바이킹	ba-i-king
romanos (m pl)	로마 사람	ro-ma sa-ram
romano	로마의	ro-ma-ui
bizantinos (m pl)	비잔티움 사람들	bi-jan-ti-um sa-ram-deul
Bizâncio	비잔티움	bi-jan-ti-um
bizantino	비잔틴의	bi-jan-tin-ui
imperador (m)	황제	hwang-je
líder (m)	추장	chu-jang
poderoso	강력한	gang-nyeo-kan
rei (m)	왕	wang
governante (m)	통치자	tong-chi-ja
cavaleiro (m)	기사	gi-sa
senhor feudal (m)	봉건 영주	bong-geon nyeong-ju
feudal	봉건적인	bong-geon-jeo-gin
vassalo (m)	봉신	bong-sin
duque (m)	공작	gong-jak
conde (m)	백작	baek-jak
barão (m)	남작	nam-jak
bispo (m)	주교	ju-gyo
armadura (f)	갑옷	ga-bot
escudo (m)	방패	bang-pae
espada (f)	검	geom
viseira (f)	얼굴 가리개	eol-gul ga-ri-gae
cota (f) de malha	미늘 갑옷	mi-neul ga-bot
cruzada (f)	십자군	sip-ja-gun
cruzado (m)	십자군 전사	sip-ja-gun jeon-sa
território (m)	영토	yeong-to
atacar (vt)	공격하다	gong-gyeo-ka-da
conquistar (vt)	정복하다	jeong-bok-a-da
ocupar, invadir (vt)	점령하다	jeom-nyeong-ha-da
assédio, sítio (m)	포위 공격	po-wi gong-gyeok
sitiado	포위당한	po-wi-dang-han
assediar, sitiar (vt)	포위하다	po-wi-ha-da
inquisição (f)	이단심문	i-dan-sim-mun
inquisidor (m)	종교 재판관	jong-gyo jae-pan-gwan
tortura (f)	고문	go-mun
cruel	잔혹한	jan-hok-an
herege (m)	이단자	i-dan-ja
heresia (f)	이단으로	i-da-neu-ro
navegação (f) marítima	항해	hang-hae
pirata (m)	해적	hae-jeok
pirataria (f)	해적 행위	hae-jeok aeng-wi
abordagem (f)	널판장	neol-pan-jang

saque (m), pulhagem (f)	노획물	no-hoeng-mul
tesouros (m pl)	보물	bo-mul
descobrimento (m)	발견	bal-gyeon
descobrir (novas terras)	발견하다	bal-gyeon-ha-da
expedição (f)	탐험	tam-heom
mosqueteiro (m)	총병	chong-byeong
cardeal (m)	추기경	chu-gi-gyeong
heráldica (f)	문장학	mun-jang-hak
heráldico	문장학의	mun-jang-ha-gui

117. Líder. Chefe. Autoridades

rei (m)	왕	wang
rainha (f)	여왕	yeo-wang
real	왕족의	wang-jo-gui
reino (m)	왕국	wang-guk
príncipe (m)	왕자	wang-ja
princesa (f)	공주	gong-ju
presidente (m)	대통령	dae-tong-nyeong
vice-presidente (m)	부통령	bu-tong-nyeong
senador (m)	상원의원	sang-won-ui-won
monarca (m)	군주	gun-ju
governante (m)	통치자	tong-chi-ja
ditador (m)	독재자	dok-jae-ja
tirano (m)	폭군	pok-gun
magnata (m)	거물	geo-mul
diretor (m)	사장	sa-jang
chefe (m)	추장	chu-jang
dirigente (m)	지배인	ji-bae-in
patrão (m)	상사	sang-sa
dono (m)	소유자	so-yu-ja
chefe (~ de delegação)	책임자	chae-gim-ja
autoridades (f pl)	당국	dang-guk
superiores (m pl)	상사	sang-sa
governador (m)	주지사	ju-ji-sa
cônsul (m)	영사	yeong-sa
diplomata (m)	외교관	oe-gyo-gwan
prefeito (m)	시장	si-jang
xerife (m)	보안관	bo-an-gwan
imperador (m)	황제	hwang-je
czar (m)	황제	hwang-je
faraó (m)	파라오	pa-ra-o
cã (m)	칸	kan

118. Viloação da lei. Criminosos. Parte 1

bandido (m)	산적	san-jeok
crime (m)	범죄	beom-joe
criminoso (m)	범죄자	beom-joe-ja
ladrão (m)	도둑	do-duk
roubar (vt)	훔치다	hum-chi-da
roubo (atividade)	절도	jeol-do
furto (m)	도둑질	do-duk-jil
raptar (ex. ~ uma criança)	납치하다	nap-chi-ha-da
rapto (m)	유괴	yu-goe
raptor (m)	유괴범	yu-goe-beom
resgate (m)	몸값	mom-gap
pedir resgate	몸값을 요구하다	mom-gap-seul ryo-gu-ha-da
roubar (vt)	뺏다	ppaet-da
assaltante (m)	강도	gang-do
extorquir (vt)	갈취하다	gal-chwi-ha-da
extorsionário (m)	갈취자	gal-chwi-ja
extorsão (f)	갈취	gal-chwi
matar, assassinar (vt)	죽이다	ju-gi-da
homicídio (m)	살인	sa-rin
homicida, assassino (m)	살인자	sa-rin-ja
tiro (m)	발포	bal-po
dar um tiro	쏘다	sso-da
matar a tiro	쏘아 죽이다	sso-a ju-gi-da
atirar, disparar (vi)	쏘다	sso-da
tiroteio (m)	발사	bal-sa
acontecimento (m)	사건	sa-geon
porrada (f)	몸싸움	mom-ssa-um
vítima (f)	희생자	hui-saeng-ja
danificar (vt)	해치다	hae-chi-da
dano (m)	피해	pi-hae
cadáver (m)	시신	si-sin
grave	중대한	jung-dae-han
atacar (vt)	공격하다	gong-gyeo-ka-da
bater (espancar)	때리다	ttae-ri-da
espancar (vt)	조지다	jo-ji-da
tirar, roubar (dinheiro)	훔치다	hum-chi-da
esfaquear (vt)	찔러 죽이다	jjil-leo ju-gi-da
mutilar (vt)	불구로 만들다	bul-gu-ro man-deul-da
ferir (vt)	부상을 입히다	bu-sang-eul ri-pi-da
chantagem (f)	공갈	gong-gal
chantagear (vt)	공갈하다	gong-gal-ha-da
chantagista (m)	공갈범	gong-gal-beom

extorsão (em troca de proteção)	폭력단의 갈취 행위	pong-nyeok-dan-ui gal-chwi haeng-wi
extorsionário (m)	모리배	mo-ri-bae
gângster (m)	갱	gaeng
máfia (f)	마피아	ma-pi-a
carteirista (m)	소매치기	so-mae-chi-gi
assaltante, ladrão (m)	빈집털이범	bin-jip-teo-ri-beom
contrabando (m)	밀수입	mil-su-ip
contrabandista (m)	밀수입자	mil-su-ip-ja
falsificação (f)	위조	wi-jo
falsificar (vt)	위조하다	wi-jo-ha-da
falsificado	가짜의	ga-jja-ui

119. Viloação da lei. Criminosos. Parte 2

violação (f)	강간	gang-gan
violar (vt)	강간하다	gang-gan-ha-da
violador (m)	강간범	gang-gan-beom
maníaco (m)	미치광이	mi-chi-gwang-i
prostituta (f)	매춘부	mae-chun-bu
prostituição (f)	매춘	mae-chun
chulo (m)	포주	po-ju
toxicodependente (m)	마약 중독자	ma-yak jung-dok-ja
traficante (m)	마약 밀매자	ma-yak mil-mae-ja
explodir (vt)	폭발하다	pok-bal-ha-da
explosão (f)	폭발	pok-bal
incendiar (vt)	방화하다	bang-hwa-ha-da
incendiário (m)	방화범	bang-hwa-beom
terrorismo (m)	테러리즘	te-reo-ri-jeum
terrorista (m)	테러리스트	te-reo-ri-seu-teu
refém (m)	볼모	bol-mo
enganar (vt)	속이다	so-gi-da
engano (m)	사기	sa-gi
vigarista (m)	사기꾼	sa-gi-kkun
subornar (vt)	뇌물을 주다	noe-mu-reul ju-da
suborno (atividade)	뇌물 수수	noe-mul su-su
suborno (dinheiro)	뇌물	noe-mul
veneno (m)	독	dok
envenenar (vt)	독살하다	dok-sal-ha-da
envenenar-se (vr)	음독하다	eum-dok-a-da
suicídio (m)	자살	ja-sal
suicida (m)	자살자	ja-sal-ja
ameaçar (vt)	협박하다	hyeop-bak-a-da
ameaça (f)	협박	hyeop-bak

atentar contra a vida de ...	살해를 피하다	sal-hae-reul kkoe-ha-da
atentado (m)	미수	mi-su
roubar (o carro)	훔치는	hum-chi-da
desviar (o avião)	납치하다	nap-chi-ha-da
vingança (f)	복수	bok-su
vingar (vt)	복수하다	bok-su-ha-da
torturar (vt)	고문하다	go-mun-ha-da
tortura (f)	고문	go-mun
atormentar (vt)	피롭히다	goe-ro-pi-da
pirata (m)	해적	hae-jeok
desordeiro (m)	난동꾼	nan-dong-kkun
armado	무장한	mu-jang-han
violência (f)	폭력	pong-nyeok
espionagem (f)	간첩행위	gan-cheo-paeng-wi
espionar (vi)	간첩 행위를 하다	gan-cheop paeng-wi-reul ha-da

120. Polícia. Lei. Parte 1

justiça (f)	정의	jeong-ui
tribunal (m)	법정	beop-jeong
juiz (m)	판사	pan-sa
jurados (m pl)	배심원	bae-sim-won
tribunal (m) do júri	배심 재판	bae-sim jae-pan
julgar (vt)	재판에 부치다	jae-pan-e bu-chi-da
advogado (m)	변호사	byeon-ho-sa
réu (m)	피고	pi-go
banco (m) dos réus	피고인석	pi-go-in-seok
acusação (f)	혐의	hyeom-ui
acusado (m)	형사 피고인	pi-go-in
sentença (f)	형량	hyeong-nyang
sentenciar (vt)	선고하다	seon-go-ha-da
culpado (m)	유죄	yu-joe
punir (vt)	처벌하다	cheo-beol-ha-da
punição (f)	벌	beol
multa (f)	벌금	beol-geum
prisão (f) perpétua	종신형	jong-sin-hyeong
pena (f) de morte	사형	sa-hyeong
cadeira (f) elétrica	전기 의자	jeon-gi ui-ja
forca (f)	교수대	gyo-su-dae
executar (vt)	집행하다	ji-paeng-ha-da
execução (f)	처형	cheo-hyeong

prisão (f)	교도소	gyo-do-so
cela (f) de prisão	감방	gam-bang
escolta (f)	호송	ho-song
guarda (m) prisional	간수	gan-su
preso (m)	죄수	joe-su
algemas (f pl)	수갑	su-gap
algemar (vt)	수갑을 채우다	su-ga-beul chae-u-da
fuga, evasão (f)	탈옥	ta-rok
fugir (vi)	탈옥하다	ta-rok-a-da
desaparecer (vi)	사라지다	sa-ra-ji-da
soltar, libertar (vt)	출옥하다	chu-rok-a-da
amnistia (f)	사면	sa-myeon
polícia (instituição)	경찰	gyeong-chal
polícia (m)	경찰관	gyeong-chal-gwan
esquadra (f) de polícia	경찰서	gyeong-chal-seo
cassetete (m)	경찰봉	gyeong-chal-bong
megafone (m)	메가폰	me-ga-pon
carro (m) de patrulha	순찰차	sun-chal-cha
sirene (f)	사이렌	sa-i-ren
ligar a sirene	사이렌을 켜다	sa-i-re-neul kyeo-da
toque (m) da sirene	사이렌 소리	sa-i-ren so-ri
cena (f) do crime	범죄현장	beom-joe-hyeon-jang
testemunha (f)	목격자	mok-gyeok-ja
liberdade (f)	자유	ja-yu
cúmplice (m)	공범자	gong-beom-ja
escapar (vi)	달아나다	da-ra-na-da
traço (não deixar ~s)	흔적	heun-jeok

121. Polícia. Lei. Parte 2

procura (f)	조사	jo-sa
procurar (vt)	… 를 찾다	… reul chat-da
suspeita (f)	혐의	hyeom-ui
suspeito	의심스러운	ui-sim-seu-reo-un
parar (vt)	멈추다	meom-chu-da
deter (vt)	구류하다	gu-ryu-ha-da
caso (criminal)	판례	pal-lye
investigação (f)	조사	jo-sa
detetive (m)	형사	hyeong-sa
investigador (m)	조사관	jo-sa-gwan
versão (f)	가설	ga-seol
motivo (m)	동기	dong-gi
interrogatório (m)	심문	sim-mun
interrogar (vt)	신문하다	sin-mun-ha-da
questionar (vt)	심문하다	sim-mun-ha-da
verificação (f)	확인	hwa-gin

rusga (f)	일제 검거	il-je geom-geo
busca (f)	수색	su-saek
perseguição (f)	추적	chu-jeok
perseguir (vt)	추적하다	chu-jeok-a-da
seguir (vt)	추적하다	chu-jeok-a-da
prisão (f)	체포	che-po
prender (vt)	체포하다	che-po-ha-da
pegar, capturar (vt)	붙잡다	but-jap-da
captura (f)	체포	che-po
documento (m)	서류	seo-ryu
prova (f)	증거	jeung-geo
provar (vt)	증명하다	jeung-myeong-ha-da
pegada (f)	발자국	bal-ja-guk
impressões (f pl) digitais	지문	ji-mun
prova (f)	증거물	jeung-geo-mul
álibi (m)	알리바이	al-li-ba-i
inocente	무죄인	mu-joe-in
injustiça (f)	부정	bu-jeong
injusto	부당한	bu-dang-han
criminal	범죄의	beom-joe-ui
confiscar (vt)	몰수하다	mol-su-ha-da
droga (f)	마약	ma-yak
arma (f)	무기	mu-gi
desarmar (vt)	무장해제하다	mu-jang-hae-je-ha-da
ordenar (vt)	명령하다	myeong-nyeong-ha-da
desaparecer (vi)	사라지다	sa-ra-ji-da
lei (f)	법률	beom-nyul
legal	합법적인	hap-beop-jeo-gin
ilegal	불법적인	bul-beop-jeo-gin
responsabilidade (f)	책임	chae-gim
responsável	책임 있는	chae-gim in-neun

NATUREZA

A Terra. Parte 1

122. Espaço sideral

cosmos (m)	우주	u-ju
cósmico	우주의	u-ju-ui
espaço (m) cósmico	우주 공간	u-ju gong-gan
mundo (m)	세계	se-gye
universo (m)	우주	u-ju
galáxia (f)	은하	eun-ha
estrela (f)	별, 항성	byeol, hang-seong
constelação (f)	별자리	byeol-ja-ri
planeta (m)	행성	haeng-seong
satélite (m)	인공위성	in-gong-wi-seong
meteorito (m)	운석	un-seok
cometa (m)	혜성	hye-seong
asteroide (m)	소행성	so-haeng-seong
órbita (f)	궤도	gwe-do
girar (vi)	회전한다	hoe-jeon-han-da
atmosfera (f)	대기	dae-gi
Sol (m)	태양	tae-yang
Sistema (m) Solar	태양계	tae-yang-gye
eclipse (m) solar	일식	il-sik
Terra (f)	지구	ji-gu
Lua (f)	달	dal
Marte (m)	화성	hwa-seong
Vénus (m)	금성	geum-seong
Júpiter (m)	목성	mok-seong
Saturno (m)	토성	to-seong
Mercúrio (m)	수성	su-seong
Urano (m)	천왕성	cheon-wang-seong
Neptuno (m)	해왕성	hae-wang-seong
Plutão (m)	명왕성	myeong-wang-seong
Via Láctea (f)	은하수	eun-ha-su
Ursa Maior (f)	큰곰자리	keun-gom-ja-ri
Estrela Polar (f)	북극성	buk-geuk-seong
marciano (m)	화성인	hwa-seong-in
extraterrestre (m)	외계인	oe-gye-in

alienígena (m)	외계인	oe-gye-in
disco (m) voador	비행 접시	bi-haeng jeop-si
nave (f) espacial	우주선	u-ju-seon
estação (f) orbital	우주 정거장	u-ju jeong-nyu-jang
motor (m)	엔진	en-jin
bocal (m)	노즐	no-jeul
combustível (m)	연료	yeol-lyo
cabine (f)	조종석	jo-jong-seok
antena (f)	안테나	an-te-na
vigia (f)	현창	hyeon-chang
bateria (f) solar	태양 전지	tae-yang jeon-ji
traje (m) espacial	우주복	u-ju-bok
imponderabilidade (f)	무중력	mu-jung-nyeok
oxigénio (m)	산소	san-so
acoplagem (f)	도킹	do-king
fazer uma acoplagem	도킹하다	do-king-ha-da
observatório (m)	천문대	cheon-mun-dae
telescópio (m)	망원경	mang-won-gyeong
observar (vt)	관찰하다	gwan-chal-ha-da
explorar (vt)	탐험하다	tam-heom-ha-da

123. A Terra

Terra (f)	지구	ji-gu
globo terrestre (Terra)	지구	ji-gu
planeta (m)	행성	haeng-seong
atmosfera (f)	대기	dae-gi
geografia (f)	지리학	ji-ri-hak
natureza (f)	자연	ja-yeon
globo (mapa esférico)	지구의	ji-gu-ui
mapa (m)	지도	ji-do
atlas (m)	지도첩	ji-do-cheop
Europa (f)	유럽	yu-reop
Ásia (f)	아시아	a-si-a
África (f)	아프리카	a-peu-ri-ka
Austrália (f)	호주	ho-ju
América (f)	아메리카 대륙	a-me-ri-ka dae-ryuk
América (f) do Norte	북아메리카	bu-ga-me-ri-ka
América (f) do Sul	남아메리카	nam-a-me-ri-ka
Antártida (f)	남극 대륙	nam-geuk dae-ryuk
Ártico (m)	극지방	geuk-ji-bang

124. Pontos cardeais

norte (m)	북쪽	buk-jjok
para norte	북쪽으로	buk-jjo-geu-ro
no norte	북쪽에	buk-jjo-ge
do norte	북쪽의	buk-jjo-gui
sul (m)	남쪽	nam-jjok
para sul	남쪽으로	nam-jjo-geu-ro
no sul	남쪽에	nam-jjo-ge
do sul	남쪽의	nam-jjo-gui
oeste, ocidente (m)	서쪽	seo-jjok
para oeste	서쪽으로	seo-jjo-geu-ro
no oeste	서쪽에	seo-jjo-ge
ocidental	서쪽의	seo-jjo-gui
leste, oriente (m)	동쪽	dong-jjok
para leste	동쪽으로	dong-jjo-geu-ro
no leste	동쪽에	dong-jjo-ge
oriental	동쪽의	dong-jjo-gui

125. Mar. Oceano

mar (m)	바다	ba-da
oceano (m)	대양	dae-yang
golfo (m)	만	man
estreito (m)	해협	hae-hyeop
continente (m)	대륙	dae-ryuk
ilha (f)	섬	seom
península (f)	반도	ban-do
arquipélago (m)	군도	gun-do
baía (f)	만	man
porto (m)	항구	hang-gu
lagoa (f)	석호	seok-o
cabo (m)	곶	got
atol (m)	환초	hwan-cho
recife (m)	암초	am-cho
coral (m)	산호	san-ho
recife (m) de coral	산호초	san-ho-cho
profundo	깊은	gi-peun
profundidade (f)	깊이	gi-pi
fossa (f) oceânica	해구	hae-gu
corrente (f)	해류	hae-ryu
banhar (vt)	둘러싸다	dul-leo-ssa-da
litoral (m)	해변	hae-byeon
costa (f)	바닷가	ba-dat-ga

maré (f) alta	밀물	mil-mul
maré (f) baixa	썰물	sseol-mul
restinga (f)	모래톱	mo-rae-top
fundo (m)	해저	hae-jeo |//
onda (f)	파도	pa-do
crista (f) da onda	물마루	mul-ma-ru
espuma (f)	거품	geo-pum |//
furacão (m)	허리케인	heo-ri-ke-in
tsunami (m)	해일	hae-il
calmaria (f)	고요함	go-yo-ham
calmo	고요한	go-yo-han |//
polo (m)	극	geuk
polar	극지의	geuk-ji-ui |//
latitude (f)	위도	wi-do
longitude (f)	경도	gyeong-do
paralela (f)	위도선	wi-do-seon
equador (m)	적도	jeok-do |//
céu (m)	하늘	ha-neul
horizonte (m)	수평선	su-pyeong-seon
ar (m)	공기	gong-gi |//
farol (m)	등대	deung-dae
mergulhar (vi)	뛰어들다	ttwi-eo-deul-da
afundar-se (vr)	가라앉다	ga-ra-an-da
tesouros (m pl)	보물	bo-mul

126. Nomes de Mares e Oceanos

Oceano (m) Atlântico	대서양	dae-seo-yang
Oceano (m) Índico	인도양	in-do-yang
Oceano (m) Pacífico	태평양	tae-pyeong-yang
Oceano (m) Ártico	북극해	buk-geuk-ae |//
Mar (m) Negro	흑해	heuk-ae
Mar (m) Vermelho	홍해	hong-hae
Mar (m) Amarelo	황해	hwang-hae
Mar (m) Branco	백해	baek-ae |//
Mar (m) Cáspio	카스피 해	ka-seu-pi hae
Mar (m) Morto	사해	sa-hae
Mar (m) Mediterrâneo	지중해	ji-jung-hae |//
Mar (m) Egeu	에게 해	e-ge hae
Mar (m) Adriático	아드리아 해	a-deu-ri-a hae |//
Mar (m) Arábico	아라비아 해	a-ra-bi-a hae
Mar (m) do Japão	동해	dong-hae
Mar (m) de Bering	베링 해	be-ring hae
Mar (m) da China Meridional	남중국해	nam-jung-guk-ae

Mar (m) de Coral	산호해	san-ho-hae
Mar (m) de Tasman	태즈먼 해	tae-jeu-meon hae
Mar (m) do Caribe	카리브 해	ka-ri-beu hae
Mar (m) de Barents	바렌츠 해	ba-ren-cheu hae
Mar (m) de Kara	카라 해	ka-ra hae
Mar (m) do Norte	북해	buk-ae
Mar (m) Báltico	발트 해	bal-teu hae
Mar (m) da Noruega	노르웨이 해	no-reu-we-i hae

127. Montanhas

montanha (f)	산	san
cordilheira (f)	산맥	san-maek
serra (f)	능선	neung-seon
cume (m)	정상	jeong-sang
pico (m)	봉우리	bong-u-ri
sopé (m)	기슭	gi-seuk
declive (m)	경사면	gyeong-sa-myeon
vulcão (m)	화산	hwa-san
vulcão (m) ativo	활화산	hwal-hwa-san
vulcão (m) extinto	사화산	sa-hwa-san
erupção (f)	폭발	pok-bal
cratera (f)	분화구	bun-hwa-gu
magma (m)	마그마	ma-geu-ma
lava (f)	용암	yong-am
fundido (lava ~a)	녹은	no-geun
desfiladeiro (m)	협곡	hyeop-gok
garganta (f)	협곡	hyeop-gok
fenda (f)	갈라진	gal-la-jin
passo, colo (m)	산길	san-gil
planalto (m)	고원	go-won
falésia (f)	절벽	jeol-byeok
colina (f)	언덕, 작은 산	eon-deok, ja-geun san
glaciar (m)	빙하	bing-ha
queda (f) d'água	폭포	pok-po
géiser (m)	간헐천	gan-heol-cheon
lago (m)	호수	ho-su
planície (f)	평원	pyeong-won
paisagem (f)	경관	gyeong-gwan
eco (m)	메아리	me-a-ri
alpinista (m)	등산가	deung-san-ga
escalador (m)	암벽 등반가	am-byeok deung-ban-ga
conquistar (vt)	정복하다	jeong-bok-a-da
subida, escalada (f)	등반	deung-ban

128. Nomes de montanhas

Alpes (m pl)	알프스 산맥	al-peu-seu san-maek
monte Branco (m)	몽블랑 산	mong-beul-lang san
Pirineus (m pl)	피레네 산맥	pi-re-ne san-maek
Cárpatos (m pl)	카르파티아 산맥	ka-reu-pa-ti-a san-maek
montes (m pl) Urais	우랄 산맥	u-ral san-maek
Cáucaso (m)	코카서스 산맥	ko-ka-seo-seu san-maek
Elbrus (m)	엘브루스 산	el-beu-ru-seu san
Altai (m)	알타이 산맥	al-ta-i san-maek
Tian Shan (m)	텐샨 산맥	ten-syan san-maek
Pamir (m)	파미르 고원	pa-mi-reu go-won
Himalaias (m pl)	히말라야 산맥	hi-mal-la-ya san-maek
monte (m) Everest	에베레스트 산	e-be-re-seu-teu san
Cordilheira (f) dos Andes	안데스 산맥	an-de-seu san-maek
Kilimanjaro (m)	킬리만자로 산	kil-li-man-ja-ro san

129. Rios

rio (m)	강	gang
fonte, nascente (f)	샘	saem
leito (m) do rio	강바닥	gang-ba-dak
bacia (f)	유역	yu-yeok
desaguar no ...	... 로 흘러가다	... ro heul-leo-ga-da
afluente (m)	지류	ji-ryu
margem (do rio)	둑	duk
corrente (f)	흐름	heu-reum
rio abaixo	하류로	gang ha-ryu-ro
rio acima	상류로	sang-nyu-ro
inundação (f)	홍수	hong-su
cheia (f)	홍수	hong-su
transbordar (vi)	범람하다	beom-nam-ha-da
inundar (vt)	범람하다	beom-nam-ha-da
baixio (m)	얕은 곳	ya-teun got
rápidos (m pl)	여울	yeo-ul
barragem (f)	댐	daem
canal (m)	운하	un-ha
reservatório (m) de água	저수지	jeo-su-ji
eclusa (f)	수문	su-mun
corpo (m) de água	저장 수량	jeo-jang su-ryang
pântano (m)	늪, 소택지	neup, so-taek-ji
tremedal (m)	수렁	su-reong
remoinho (m)	소용돌이	so-yong-do-ri
arroio, regato (m)	개울, 시내	gae-ul, si-nae

| potável | 마실 수 있는 | ma-sil su in-neun |
| doce (água) | 민물의 | min-mu-rui |

| gelo (m) | 얼음 | eo-reum |
| congelar-se (vr) | 얼다 | eol-da |

130. Nomes de rios

| rio Sena (m) | 센 강 | sen gang |
| rio Loire (m) | 루아르 강 | ru-a-reu gang |

rio Tamisa (m)	템스 강	tem-seu gang
rio Reno (m)	라인 강	ra-in gang
rio Danúbio (m)	도나우 강	do-na-u gang

rio Volga (m)	볼가 강	bol-ga gang
rio Don (m)	돈 강	don gang
rio Lena (m)	레나 강	re-na gang

rio Amarelo (m)	황허강	hwang-heo-gang
rio Yangtzé (m)	양자강	yang-ja-gang
rio Mekong (m)	메콩 강	me-kong gang
rio Ganges (m)	갠지스 강	gaen-ji-seu gang

rio Nilo (m)	나일 강	na-il gang
rio Congo (m)	콩고 강	kong-go gang
rio Cubango (m)	오카방고 강	o-ka-bang-go gang
rio Zambeze (m)	잠베지 강	jam-be-ji gang
rio Limpopo (m)	림포포 강	rim-po-po gang

131. Floresta

| floresta (f), bosque (m) | 숲 | sup |
| florestal | 산림의 | sal-li-mui |

mata (f) cerrada	밀림	mil-lim
arvoredo (m)	작은 숲	ja-geun sup
clareira (f)	빈터	bin-teo

| matagal (f) | 덤불 | deom-bul |
| mato (m) | 관목지 | gwan-mok-ji |

| vereda (f) | 오솔길 | o-sol-gil |
| ravina (f) | 도랑 | do-rang |

árvore (f)	나무	na-mu
folha (f)	잎	ip
folhagem (f)	나뭇잎	na-mun-nip

queda (f) das folha	낙엽	na-gyeop
cair (vi)	떨어지다	tteo-reo-ji-da
ramo (m)	가지	ga-ji

galho (m)	큰 가지	keun ga-ji
botão, rebento (m)	잎눈	im-nun
agulha (f)	바늘	ba-neul
pinha (f)	솔방울	sol-bang-ul
buraco (m) de árvore	구멍	gu-meong
ninho (m)	둥지	dung-ji
toca (f)	굴	gul
tronco (m)	몸통	mom-tong
raiz (f)	뿌리	ppu-ri
casca (f) de árvore	껍질	kkeop-jil
musgo (m)	이끼	i-kki
arrancar pela raiz	수목을 통째 뽑다	su-mo-geul tong-jjae ppop-da
cortar (vt)	자르다	ja-reu-da
desflorestar (vt)	삼림을 없애다	sam-ni-meul reop-sae-da
toco, cepo (m)	그루터기	geu-ru-teo-gi
fogueira (f)	모닥불	mo-dak-bul
incêndio (m) florestal	산불	san-bul
apagar (vt)	끄다	kkeu-da
guarda-florestal (m)	산림경비원	sal-lim-gyeong-bi-won
proteção (f)	보호	bo-ho
proteger (a natureza)	보호하다	bo-ho-ha-da
caçador (m) furtivo	밀렵자	mil-lyeop-ja
armadilha (f)	덫	deot
colher (cogumelos, bagas)	따다	tta-da
perder-se (vr)	길을 잃다	gi-reul ril-ta

132. Recursos naturais

recursos (m pl) naturais	천연 자원	cheo-nyeon ja-won
depósitos (m pl)	매장량	mae-jang-nyang
jazida (f)	지역	ji-yeok
extrair (vt)	채광하다	chae-gwang-ha-da
extração (f)	막장일	mak-jang-il
minério (m)	광석	gwang-seok
mina (f)	광산	gwang-san
poço (m) de mina	갱도	gaeng-do
mineiro (m)	광부	gwang-bu
gás (m)	가스	ga-seu
gasoduto (m)	가스관	ga-seu-gwan
petróleo (m)	석유	seo-gyu
oleoduto (m)	석유 파이프라인	seo-gyu pa-i-peu-ra-in
poço (m) de petróleo	유정	yu-jeong
torre (f) petrolífera	유정탑	yu-jeong-tap
petroleiro (m)	유조선	yu-jo-seon
areia (f)	모래	mo-rae

calcário (m)	석회석	seok-oe-seok
cascalho (m)	자갈	ja-gal
turfa (f)	토탄	to-tan
argila (f)	점토	jeom-to
carvão (m)	석탄	seok-tan
ferro (m)	철	cheol
ouro (m)	금	geum
prata (f)	은	eun
níquel (m)	니켈	ni-kel
cobre (m)	구리	gu-ri
zinco (m)	아연	a-yeon
manganês (m)	망간	mang-gan
mercúrio (m)	수은	su-eun
chumbo (m)	납	nap
mineral (m)	광물	gwang-mul
cristal (m)	수정	su-jeong
mármore (m)	대리석	dae-ri-seok
urânio (m)	우라늄	u-ra-nyum

A Terra. Parte 2

133. Tempo

tempo (m)	날씨	nal-ssi
previsão (f) do tempo	일기 예보	il-gi ye-bo
temperatura (f)	온도	on-do
termómetro (m)	온도계	on-do-gye
barómetro (m)	기압계	gi-ap-gye
humidade (f)	습함, 습기	seu-pam, seup-gi
calor (m)	더위	deo-wi
cálido	더운	deo-un
está muito calor	덥다	deop-da
está calor	따뜻하다	tta-tteu-ta-da
quente	따뜻한	tta-tteu-tan
está frio	춥다	chup-da
frio	추운	chu-un
sol (m)	해	hae
brilhar (vi)	빛나다	bin-na-da
de sol, ensolarado	화창한	hwa-chang-han
nascer (vi)	뜨다	tteu-da
pôr-se (vr)	지다	ji-da
nuvem (f)	구름	gu-reum
nublado	구름의	gu-reum-ui
escuro, cinzento	흐린	heu-rin
chuva (f)	비	bi
está a chover	비가 오다	bi-ga o-da
chuvoso	비가 오는	bi-ga o-neun
chuviscar (vi)	이슬비가 내리다	i-seul-bi-ga nae-ri-da
chuva (f) torrencial	억수	eok-su
chuvada (f)	호우	ho-u
forte (chuva)	심한	sim-han
poça (f)	웅덩이	ung-deong-i
molhar-se (vr)	젖다	jeot-da
nevoeiro (m)	안개	an-gae
de nevoeiro	안개가 자욱한	an-gae-ga ja-uk-an
neve (f)	눈	nun
está a nevar	눈이 오다	nun-i o-da

134. Tempo extremo. Catástrofes naturais

trovoada (f)	뇌우	noe-u
relâmpago (m)	번개	beon-gae
relampejar (vi)	번쩍이다	beon-jjeo-gi-da
trovão (m)	천둥	cheon-dung
trovejar (vi)	천둥이 치다	cheon-dung-i chi-da
está a trovejar	천둥이 치다	cheon-dung-i chi-da
granizo (m)	싸락눈	ssa-rang-nun
está a cair granizo	싸락눈이 내리다	ssa-rang-nun-i nae-ri-da
inundar (vt)	범람하다	beom-nam-ha-da
inundação (f)	홍수	hong-su
terremoto (m)	지진	ji-jin
abalo, tremor (m)	진동	jin-dong
epicentro (m)	진앙	jin-ang
erupção (f)	폭발	pok-bal
lava (f)	용암	yong-am
turbilhão (m)	회오리바람	hoe-o-ri-ba-ram
tornado (m)	토네이도	to-ne-i-do
tufão (m)	태풍	tae-pung
furacão (m)	허리케인	heo-ri-ke-in
tempestade (f)	폭풍우	pok-pung-u
tsunami (m)	해일	hae-il
incêndio (m)	불	bul
catástrofe (f)	재해	jae-hae
meteorito (m)	운석	un-seok
avalanche (f)	눈사태	nun-sa-tae
deslizamento (f) de neve	눈사태	nun-sa-tae
nevasca (f)	눈보라	nun-bo-ra
tempestade (f) de neve	눈보라	nun-bo-ra

Fauna

135. Mamíferos. Predadores

predador (m)	육식 동물	yuk-sik dong-mul
tigre (m)	호랑이	ho-rang-i
leão (m)	사자	sa-ja
lobo (m)	이리	i-ri
raposa (f)	여우	yeo-u
jaguar (m)	재규어	jae-gyu-eo
leopardo (m)	표범	pyo-beom
chita (f)	치타	chi-ta
puma (m)	퓨마	pyu-ma
leopardo-das-neves (m)	눈표범	nun-pyo-beom
lince (m)	스라소니	seu-ra-so-ni
coiote (m)	코요테	ko-yo-te
chacal (m)	재칼	jae-kal
hiena (f)	하이에나	ha-i-e-na

136. Animais selvagens

animal (m)	동물	dong-mul
besta (f)	짐승	jim-seung
esquilo (m)	다람쥐	da-ram-jwi
ouriço (m)	고슴도치	go-seum-do-chi
lebre (f)	토끼	to-kki
coelho (m)	굴토끼	gul-to-kki
texugo (m)	오소리	o-so-ri
guaxinim (m)	너구리	neo-gu-ri
hamster (m)	햄스터	haem-seu-teo
marmota (f)	마멋	ma-meot
toupeira (f)	두더지	du-deo-ji
rato (m)	생쥐	saeng-jwi
ratazana (f)	시궁쥐	si-gung-jwi
morcego (m)	박쥐	bak-jwi
arminho (m)	북방족제비	buk-bang-jok-je-bi
zibelina (f)	검은담비	geo-meun-dam-bi
marta (f)	담비	dam-bi
vison (m)	밍크	ming-keu
castor (m)	비버	bi-beo
lontra (f)	수달	su-dal

cavalo (m)	말	mal
alce (m) americano	엘크, 무스	el-keu, mu-seu
veado (m)	사슴	sa-seum
camelo (m)	낙타	nak-ta
bisão (m)	미국들소	mi-guk-deul-so
auroque (m)	유럽들소	yu-reop-deul-so
búfalo (m)	물소	mul-so
zebra (f)	얼룩말	eol-lung-mal
antílope (m)	영양	yeong-yang
corça (f)	노루	no-ru
gamo (m)	다마사슴	da-ma-sa-seum
camurça (f)	샤모아	sya-mo-a
javali (m)	멧돼지	met-dwae-ji
baleia (f)	고래	go-rae
foca (f)	바다표범	ba-da-pyo-beom
morsa (f)	바다코끼리	ba-da-ko-kki-ri
urso-marinho (m)	물개	mul-gae
golfinho (m)	돌고래	dol-go-rae
urso (m)	곰	gom
urso (m) branco	북극곰	buk-geuk-gom
panda (m)	판다	pan-da
macaco (em geral)	원숭이	won-sung-i
chimpanzé (m)	침팬지	chim-paen-ji
orangotango (m)	오랑우탄	o-rang-u-tan
gorila (f)	고릴라	go-ril-la
macaco (m)	마카크	ma-ka-keu
gibão (m)	긴팔원숭이	gin-pa-rwon-sung-i
elefante (m)	코끼리	ko-kki-ri
rinoceronte (m)	코뿔소	ko-ppul-so
girafa (f)	기린	gi-rin
hipopótamo (m)	하마	ha-ma
canguru (m)	캥거루	kaeng-geo-ru
coala (m)	코알라	ko-al-la
mangusto (m)	몽구스	mong-gu-seu
chinchila (f)	친칠라	chin-chil-la
doninha-fedorenta (f)	스컹크	seu-keong-keu
porco-espinho (m)	호저	ho-jeo

137. Animais domésticos

gata (f)	고양이	go-yang-i
gato (m) macho	수고양이	su-go-yang-i
cavalo (m)	말	mal
garanhão (m)	수말, 종마	su-mal, jong-ma
égua (f)	암말	am-mal

vaca (f)	암소	am-so
touro (m)	황소	hwang-so
boi (m)	수소	su-so
ovelha (f)	양, 암양	yang, a-myang
carneiro (m)	수양	su-yang
cabra (f)	염소	yeom-so
bode (m)	숫염소	sun-nyeom-so
burro (m)	당나귀	dang-na-gwi
mula (f)	노새	no-sae
porco (m)	돼지	dwae-ji
porquinho (m)	돼지 새끼	dwae-ji sae-kki
coelho (m)	집토끼	jip-to-kki
galinha (f)	암닭	am-tak
galo (m)	수닭	su-tak
pato (m), pata (f)	집오리	ji-bo-ri
pato (macho)	수오리	su-o-ri
ganso (m)	집거위	jip-geo-wi
peru (m)	수칠면조	su-chil-myeon-jo
perua (f)	칠면조	chil-myeon-jo
animais (m pl) domésticos	가축	ga-chuk
domesticado	길들여진	gil-deu-ryeo-jin
domesticar (vt)	길들이다	gil-deu-ri-da
criar (vt)	사육하다, 기르다	sa-yuk-a-da, gi-reu-da
quinta (f)	농장	nong-jang
aves (f pl) domésticas	가금	ga-geum
gado (m)	가축	ga-chuk
rebanho (m), manada (f)	떼	tte
estábulo (m)	마구간	ma-gu-gan
pocilga (f)	돼지 우리	dwae-ji u-ri
estábulo (m)	외양간	oe-yang-gan
coelheira (f)	토끼장	to-kki-jang
galinheiro (m)	닭장	dak-jang

138. Pássaros

pássaro, ave (m)	새	sae
pombo (m)	비둘기	bi-dul-gi
pardal (m)	참새	cham-sae
chapim-real (m)	박새	bak-sae
pega-rabuda (f)	까치	kka-chi
corvo (m)	갈가마귀	gal-ga-ma-gwi
gralha (f) cinzenta	까마귀	kka-ma-gwi
gralha-de-nuca-cinzenta (f)	갈가마귀	gal-ga-ma-gwi
gralha-calva (f)	떼까마귀	ttae-kka-ma-gwi

pato (m)	오리	o-ri
ganso (m)	거위	geo-wi
faisão (m)	꿩	kkwong
águia (f)	독수리	dok-su-ri
açor (m)	매	mae
falcão (m)	매	mae
abutre (m)	독수리, 콘도르	dok-su-ri, kon-do-reu
condor (m)	콘도르	kon-do-reu
cisne (m)	백조	baek-jo
grou (m)	두루미	du-ru-mi
cegonha (f)	황새	hwang-sae
papagaio (m)	앵무새	aeng-mu-sae
beija-flor (m)	벌새	beol-sae
pavão (m)	공작	gong-jak
avestruz (f)	타조	ta-jo
garça (f)	왜가리	wae-ga-ri
flamingo (m)	플라밍고	peul-la-ming-go
pelicano (m)	펠리컨	pel-li-keon
rouxinol (m)	나이팅게일	na-i-ting-ge-il
andorinha (f)	제비	je-bi
tordo-zornal (m)	지빠귀	ji-ppa-gwi
tordo-músico (m)	노래지빠귀	no-rae-ji-ppa-gwi
melro-preto (m)	대륙검은지빠귀	dae-ryuk-geo-meun-ji-ppa-gwi
andorinhão (m)	칼새	kal-sae
cotovia (f)	종다리	jong-da-ri
codorna (f)	메추라기	me-chu-ra-gi
pica-pau (m)	딱따구리	ttak-tta-gu-ri
cuco (m)	뻐꾸기	ppeo-kku-gi
coruja (f)	올빼미	ol-ppae-mi
corujão, bufo (m)	수리부엉이	su-ri-bu-eong-i
tetraz-grande (m)	큰뇌조	keun-noe-jo
tetraz-lira (m)	멧닭	met-dak
perdiz-cinzenta (f)	자고	ja-go
estorninho (m)	찌르레기	jji-reu-re-gi
canário (m)	카나리아	ka-na-ri-a
tentilhão (m)	되새	doe-sae
dom-fafe (m)	피리새	pi-ri-sae
gaivota (f)	갈매기	gal-mae-gi
albatroz (m)	신천옹	sin-cheon-ong
pinguim (m)	펭귄	peng-gwin

139. Peixes. Animais marinhos

brema (f)	도미류	do-mi-ryu
carpa (f)	잉어	ing-eo

perca (f)	농어의 일종	nong-eo-ui il-jong
siluro (m)	메기	me-gi
lúcio (m)	북부민물꼬치고기	buk-bu-min-mul-kko-chi-go-gi
salmão (m)	연어	yeon-eo
esturjão (m)	철갑상어	cheol-gap-sang-eo
arenque (m)	청어	cheong-eo
salmão (m)	대서양 연어	dae-seo-yang yeon-eo
cavala, sarda (f)	고등어	go-deung-eo
solha (f)	넙치	neop-chi
bacalhau (m)	대구	dae-gu
atum (m)	참치	cham-chi
truta (f)	송어	song-eo
enguia (f)	뱀장어	baem-jang-eo
raia elétrica (f)	시끈가오리	si-kkeun-ga-o-ri
moreia (f)	곰치	gom-chi
piranha (f)	피라니아	pi-ra-ni-a
tubarão (m)	상어	sang-eo
golfinho (m)	돌고래	dol-go-rae
baleia (f)	고래	go-rae
caranguejo (m)	게	ge
medusa, alforreca (f)	해파리	hae-pa-ri
polvo (m)	낙지	nak-ji
estrela-do-mar (f)	불가사리	bul-ga-sa-ri
ouriço-do-mar (m)	성게	seong-ge
cavalo-marinho (m)	해마	hae-ma
ostra (f)	굴	gul
camarão (m)	새우	sae-u
lavagante (m)	바닷가재	ba-dat-ga-jae
lagosta (f)	대하	dae-ha

140. Amfíbios. Répteis

serpente, cobra (f)	뱀	baem
venenoso	독이 있는	do-gi in-neun
víbora (f)	살무사	sal-mu-sa
cobra-capelo, naja (f)	코브라	ko-beu-ra
pitão (m)	비단뱀	bi-dan-baem
jiboia (f)	보아	bo-a
cobra-de-água (f)	풀뱀	pul-baem
cascavel (f)	방울뱀	bang-ul-baem
anaconda (f)	아나콘다	a-na-kon-da
lagarto (m)	도마뱀	do-ma-baem
iguana (f)	이구아나	i-gu-a-na

salamandra (f)	도롱뇽	do-rong-nyong
camaleão (m)	카멜레온	ka-mel-le-on
escorpião (m)	전갈	jeon-gal
tartaruga (f)	거북	geo-buk
rã (f)	개구리	gae-gu-ri
sapo (m)	두꺼비	du-kkeo-bi
crocodilo (m)	악어	a-geo

141. Insetos

inseto (m)	곤충	gon-chung
borboleta (f)	나비	na-bi
formiga (f)	개미	gae-mi
mosca (f)	파리	pa-ri
mosquito (m)	모기	mo-gi
escaravelho (m)	딱정벌레	ttak-jeong-beol-le
vespa (f)	말벌	mal-beol
abelha (f)	꿀벌	kkul-beol
zangão (m)	호박벌	ho-bak-beol
moscardo (m)	쇠파리	soe-pa-ri
aranha (f)	거미	geo-mi
teia (f) de aranha	거미줄	geo-mi-jul
libélula (f)	잠자리	jam-ja-ri
gafanhoto-do-campo (m)	메뚜기	me-ttu-gi
traça (f)	나방	na-bang
barata (f)	바퀴벌레	ba-kwi-beol-le
carraça (f)	진드기	jin-deu-gi
pulga (f)	벼룩	byeo-ruk
borrachudo (m)	깔따구	kkal-tta-gu
gafanhoto (m)	메뚜기	me-ttu-gi
caracol (m)	달팽이	dal-paeng-i
grilo (m)	귀뚜라미	gwi-ttu-ra-mi
pirilampo (m)	개똥벌레	gae-ttong-beol-le
joaninha (f)	무당벌레	mu-dang-beol-le
besouro (m)	왕풍뎅이	wang-pung-deng-i
sanguessuga (f)	거머리	geo-meo-ri
lagarta (f)	애벌레	ae-beol-le
minhoca (f)	지렁이	ji-reong-i
larva (f)	애벌레	ae-beol-le

Flora

142. Árvores

árvore (f)	나무	na-mu
decídua	낙엽수의	na-gyeop-su-ui
conífera	침엽수의	chi-myeop-su-ui
perene	상록의	sang-no-gui
macieira (f)	사과나무	sa-gwa-na-mu
pereira (f)	배나무	bae-na-mu
cerejeira, ginjeira (f)	벚나무	beon-na-mu
ameixeira (f)	자두나무	ja-du-na-mu
bétula (f)	자작나무	ja-jang-na-mu
carvalho (m)	오크	o-keu
tília (f)	보리수	bo-ri-su
choupo-tremedor (m)	사시나무	sa-si-na-mu
bordo (m)	단풍나무	dan-pung-na-mu
espruce-europeu (m)	가문비나무	ga-mun-bi-na-mu
pinheiro (m)	소나무	so-na-mu
alerce, lariço (m)	낙엽송	na-gyeop-song
abeto (m)	전나무	jeon-na-mu
cedro (m)	시다	si-da
choupo, álamo (m)	포플러	po-peul-leo
tramazeira (f)	마가목	ma-ga-mok
salgueiro (m)	버드나무	beo-deu-na-mu
amieiro (m)	오리나무	o-ri-na-mu
faia (f)	너도밤나무	neo-do-bam-na-mu
ulmeiro (m)	느릅나무	neu-reum-na-mu
freixo (m)	물푸레나무	mul-pu-re-na-mu
castanheiro (m)	밤나무	bam-na-mu
magnólia (f)	목련	mong-nyeon
palmeira (f)	야자나무	ya-ja-na-mu
cipreste (m)	사이프러스	sa-i-peu-reo-seu
mangue (m)	맹그로브	maeng-geu-ro-beu
embondeiro, baobá (m)	바오밥나무	ba-o-bam-na-mu
eucalipto (m)	유칼립투스	yu-kal-lip-tu-seu
sequoia (f)	세쿼이아	se-kwo-i-a

143. Arbustos

arbusto (m)	덤불	deom-bul
arbusto (m), moita (f)	관목	gwan-mok

videira (f)	포도 덩굴	po-do deong-gul
vinhedo (m)	포도밭	po-do-bat
framboeseira (f)	라즈베리	ra-jeu-be-ri
groselheira-vermelha (f)	레드커런트 나무	re-deu-keo-reon-teu na-mu
groselheira (f) espinhosa	구스베리 나무	gu-seu-be-ri na-mu
acácia (f)	아카시아	a-ka-si-a
bérberis (f)	매자나무	mae-ja-na-mu
jasmim (m)	재스민	jae-seu-min
junípero (m)	두송	du-song
roseira (f)	장미 덤불	jang-mi deom-bul
roseira (f) brava	찔레나무	jjil-le-na-mu

144. Frutos. Bagas

maçã (f)	사과	sa-gwa
pera (f)	배	bae
ameixa (f)	자두	ja-du
morango (m)	딸기	ttal-gi
ginja (f)	신양	si-nyang
cereja (f)	양벚나무	yang-beon-na-mu
uva (f)	포도	po-do
framboesa (f)	라즈베리	ra-jeu-be-ri
groselha (f) preta	블랙커런트	beul-laek-keo-ren-teu
groselha (f) vermelha	레드커런트	re-deu-keo-ren-teu
groselha (f) espinhosa	구스베리	gu-seu-be-ri
oxicoco (m)	크랜베리	keu-raen-be-ri
laranja (f)	오렌지	o-ren-ji
tangerina (f)	귤	gyul
ananás (m)	파인애플	pa-in-ae-peul
banana (f)	바나나	ba-na-na
tâmara (f)	대추야자	dae-chu-ya-ja
limão (m)	레몬	re-mon
damasco (m)	살구	sal-gu
pêssego (m)	복숭아	bok-sung-a
kiwi (m)	키위	ki-wi
toranja (f)	자몽	ja-mong
baga (f)	장과	jang-gwa
bagas (f pl)	장과류	jang-gwa-ryu
arando (m) vermelho	월귤나무	wol-gyul-la-mu
morango-silvestre (m)	야생딸기	ya-saeng-ttal-gi
mirtilo (m)	빌베리	bil-be-ri

145. Flores. Plantas

flor (f)	꽃	kkot
ramo (m) de flores	꽃다발	kkot-da-bal

rosa (f)	장미	jang-mi
tulipa (f)	튤립	tyul-lip
cravo (m)	카네이션	ka-ne-i-syeon
gladíolo (m)	글라디올러스	geul-la-di-ol-leo-seu
centáurea (f)	수레국화	su-re-guk-wa
campânula (f)	실잔대	sil-jan-dae
dente-de-leão (m)	민들레	min-deul-le
camomila (f)	캐모마일	kae-mo-ma-il
aloé (m)	알로에	al-lo-e
cato (m)	선인장	seon-in-jang
fícus (m)	고무나무	go-mu-na-mu
lírio (m)	백합	baek-ap
gerânio (m)	제라늄	je-ra-nyum
jacinto (m)	히아신스	hi-a-sin-seu
mimosa (f)	미모사	mi-mo-sa
narciso (m)	수선화	su-seon-hwa
capuchinha (f)	한련	hal-lyeon
orquídea (f)	난초	nan-cho
peónia (f)	모란	mo-ran
violeta (f)	바이올렛	ba-i-ol-let
amor-perfeito (m)	팬지	paen-ji
não-me-esqueças (m)	물망초	mul-mang-cho
margarida (f)	데이지	de-i-ji
papoula (f)	양귀비	yang-gwi-bi
cânhamo (m)	삼	sam
hortelã (f)	박하	bak-a
lírio-do-vale (m)	은방울꽃	eun-bang-ul-kkot
campânula-branca (f)	스노드롭	seu-no-deu-rop
urtiga (f)	쐐기풀	sswae-gi-pul
azeda (f)	수영	su-yeong
nenúfar (m)	수련	su-ryeon
feto (m), samambaia (f)	고사리	go-sa-ri
líquen (m)	이끼	i-kki
estufa (f)	온실	on-sil
relvado (m)	잔디	jan-di
canteiro (m) de flores	꽃밭	kkot-bat
planta (f)	식물	sing-mul
erva (f)	풀	pul
folha (f) de erva	풀잎	pu-rip
folha (f)	잎	ip
pétala (f)	꽃잎	kko-chip
talo (m)	줄기	jul-gi
tubérculo (m)	구근	gu-geun
broto, rebento (m)	새싹	sae-ssak

espinho (m)	가시	ga-si
florescer (vi)	피우다	pi-u-da
murchar (vi)	시들다	si-deul-da
cheiro (m)	향기	hyang-gi
cortar (flores)	자르다	ja-reu-da
colher (uma flor)	따다	tta-da

146. Cereais, grãos

grão (m)	곡물	gong-mul
cereais (plantas)	곡류	gong-nyu
espiga (f)	이삭	i-sak
trigo (m)	밀	mil
centeio (m)	호밀	ho-mil
aveia (f)	귀리	gwi-ri
milho-miúdo (m)	수수, 기장	su-su, gi-jang
cevada (f)	보리	bo-ri
milho (m)	옥수수	ok-su-su
arroz (m)	쌀	ssal
trigo-sarraceno (m)	메밀	me-mil
ervilha (f)	완두	wan-du
feijão (m)	강낭콩	gang-nang-kong
soja (f)	콩	kong
lentilha (f)	렌즈콩	ren-jeu-kong
fava (f)	콩	kong

PAÍSES. NACIONALIDADES

147. Europa Ocidental

Europa (f)	유럽	yu-reop
União (f) Europeia	유럽 연합	yu-reop byeon-hap
Áustria (f)	오스트리아	o-seu-teu-ri-a
Grã-Bretanha (f)	영국	yeong-guk
Inglaterra (f)	잉글랜드	ing-geul-laen-deu
Bélgica (f)	벨기에	bel-gi-e
Alemanha (f)	독일	do-gil
Países (m pl) Baixos	네덜란드	ne-deol-lan-deu
Holanda (f)	네덜란드	ne-deol-lan-deu
Grécia (f)	그리스	geu-ri-seu
Dinamarca (f)	덴마크	den-ma-keu
Irlanda (f)	아일랜드	a-il-laen-deu
Islândia (f)	아이슬란드	a-i-seul-lan-deu
Espanha (f)	스페인	seu-pe-in
Itália (f)	이탈리아	i-tal-li-a
Chipre (m)	키프로스	ki-peu-ro-seu
Malta (f)	몰타	mol-ta
Noruega (f)	노르웨이	no-reu-we-i
Portugal (m)	포르투갈	po-reu-tu-gal
Finlândia (f)	핀란드	pil-lan-deu
França (f)	프랑스	peu-rang-seu
Suécia (f)	스웨덴	seu-we-den
Suíça (f)	스위스	seu-wi-seu
Escócia (f)	스코틀랜드	seu-ko-teul-laen-deu
Vaticano (m)	바티칸	ba-ti-kan
Liechtenstein (m)	리히텐슈타인	ri-hi-ten-syu-ta-in
Luxemburgo (m)	룩셈부르크	ruk-sem-bu-reu-keu
Mónaco (m)	모나코	mo-na-ko

148. Europa Central e de Leste

Albânia (f)	알바니아	al-ba-ni-a
Bulgária (f)	불가리아	bul-ga-ri-a
Hungria (f)	헝가리	heong-ga-ri
Letónia (f)	라트비아	ra-teu-bi-a
Lituânia (f)	리투아니아	ri-tu-a-ni-a
Polónia (f)	폴란드	pol-lan-deu

Roménia (f)	루마니아	ru-ma-ni-a
Sérvia (f)	세르비아	se-reu-bi-a
Eslováquia (f)	슬로바키아	seul-lo-ba-ki-a
Croácia (f)	크로아티아	keu-ro-a-ti-a
República (f) Checa	체코	che-ko
Estónia (f)	에스토니아	e-seu-to-ni-a
Bósnia e Herzegovina (f)	보스니아 헤르체코비나	bo-seu-ni-a he-reu-che-ko-bi-na
Macedónia (f)	마케도니아	ma-ke-do-ni-a
Eslovénia (f)	슬로베니아	seul-lo-be-ni-a
Montenegro (m)	몬테네그로	mon-te-ne-geu-ro

149. Países da ex-URSS

Azerbaijão (m)	아제르바이잔	a-je-reu-ba-i-jan
Arménia (f)	아르메니아	a-reu-me-ni-a
Bielorrússia (f)	벨로루시	bel-lo-ru-si
Geórgia (f)	그루지야	geu-ru-ji-ya
Cazaquistão (m)	카자흐스탄	ka-ja-heu-seu-tan
Quirguistão (m)	키르기스스탄	ki-reu-gi-seu-seu-tan
Moldávia (f)	몰도바	mol-do-ba
Rússia (f)	러시아	reo-si-a
Ucrânia (f)	우크라이나	u-keu-ra-i-na
Tajiquistão (m)	타지키스탄	ta-ji-ki-seu-tan
Turquemenistão (m)	투르크메니스탄	tu-reu-keu-me-ni-seu-tan
Uzbequistão (f)	우즈베키스탄	u-jeu-be-ki-seu-tan

150. Asia

Ásia (f)	아시아	a-si-a
Vietname (m)	베트남	be-teu-nam
Índia (f)	인도	in-do
Israel (m)	이스라엘	i-seu-ra-el
China (f)	중국	jung-guk
Líbano (m)	레바논	re-ba-non
Mongólia (f)	몽골	mong-gol
Malásia (f)	말레이시아	mal-le-i-si-a
Paquistão (m)	파키스탄	pa-ki-seu-tan
Arábia (f) Saudita	사우디아라비아	sa-u-di-a-ra-bi-a
Tailândia (f)	태국	tae-guk
Taiwan (m)	대만	dae-man
Turquia (f)	터키	teo-ki
Japão (m)	일본	il-bon
Afeganistão (m)	아프가니스탄	a-peu-ga-ni-seu-tan

Bangladesh (m)	방글라데시	bang-geul-la-de-si
Indonésia (f)	인도네시아	in-do-ne-si-a
Jordânia (f)	요르단	yo-reu-dan
Iraque (m)	이라크	i-ra-keu
Irão (m)	이란	i-ran
Camboja (f)	캄보디아	kam-bo-di-a
Kuwait (m)	쿠웨이트	ku-we-i-teu
Laos (m)	라오스	ra-o-seu
Myanmar (m), Birmânia (f)	미얀마	mi-yan-ma
Nepal (m)	네팔	ne-pal
Emirados Árabes Unidos	아랍에미리트	a-ra-be-mi-ri-teu
Síria (f)	시리아	si-ri-a
Palestina (f)	팔레스타인	pal-le-seu-ta-in
Coreia do Sul (f)	한국	han-guk
Coreia do Norte (f)	북한	buk-an

151. America do Norte

Estados Unidos da América	미국	mi-guk
Canadá (m)	캐나다	kae-na-da
México (m)	멕시코	mek-si-ko

152. America Centrale do Sul

Argentina (f)	아르헨티나	a-reu-hen-ti-na
Brasil (m)	브라질	beu-ra-jil
Colômbia (f)	콜롬비아	kol-lom-bi-a
Cuba (f)	쿠바	ku-ba
Chile (m)	칠레	chil-le
Bolívia (f)	볼리비아	bol-li-bi-a
Venezuela (f)	베네수엘라	be-ne-su-el-la
Paraguai (m)	파라과이	pa-ra-gwa-i
Peru (m)	페루	pe-ru
Suriname (m)	수리남	su-ri-nam
Uruguai (m)	우루과이	u-ru-gwa-i
Equador (m)	에콰도르	e-kwa-do-reu
Bahamas (f pl)	바하마	ba-ha-ma
Haiti (m)	아이티	a-i-ti
República (f) Dominicana	도미니카 공화국	do-mi-ni-ka gong-hwa-guk
Panamá (m)	파나마	pa-na-ma
Jamaica (f)	자메이카	ja-me-i-ka

153. Africa

Egito (m)	이집트	i-jip-teu
Marrocos	모로코	mo-ro-ko
Tunísia (f)	튀니지	twi-ni-ji
Gana (f)	가나	ga-na
Zanzibar (m)	잔지바르	jan-ji-ba-reu
Quénia (f)	케냐	ke-nya
Líbia (f)	리비아	ri-bi-a
Madagáscar (m)	마다가스카르	ma-da-ga-seu-ka-reu
Namíbia (f)	나미비아	na-mi-bi-a
Senegal (m)	세네갈	se-ne-gal
Tanzânia (f)	탄자니아	tan-ja-ni-a
África do Sul (f)	남아프리카 공화국	nam-a-peu-ri-ka gong-hwa-guk

154. Austrália. Oceania

Austrália (f)	호주	ho-ju
Nova Zelândia (f)	뉴질랜드	nyu-jil-laen-deu
Tasmânia (f)	태즈메이니아	tae-jeu-me-i-ni-a
Polinésia Francesa (f)	폴리네시아	pol-li-ne-si-a

155. Cidades

Amesterdão	암스테르담	am-seu-te-reu-dam
Ancara	앙카라	ang-ka-ra
Atenas	아테네	a-te-ne
Bagdade	바그다드	ba-geu-da-deu
Banguecoque	방콕	bang-kok
Barcelona	바르셀로나	ba-reu-sel-lo-na
Beirute	베이루트	be-i-ru-teu
Berlim	베를린	be-reul-lin
Bombaim	봄베이, 뭄바이	bom-be-i, mum-ba-i
Bona	본	bon
Bordéus	보르도	bo-reu-do
Bratislava	브라티슬라바	beu-ra-ti-seul-la-ba
Bruxelas	브뤼셀	beu-rwi-sel
Bucareste	부쿠레슈티	bu-ku-re-syu-ti
Budapeste	부다페스트	bu-da-pe-seu-teu
Cairo	카이로	ka-i-ro
Calcutá	캘커타	kael-keo-ta
Chicago	시카고	si-ka-go
Cidade do México	멕시코시티	mek-si-ko-si-ti
Copenhaga	코펜하겐	ko-pen-ha-gen

Dar es Salaam	다르에스살람	da-reu-e-seu-sal-lam
Deli	델리	del-li
Dubai	두바이	du-ba-i
Dublin, Dublim	더블린	deo-beul-lin
Düsseldorf	뒤셀도르프	dwi-sel-do-reu-peu
Estocolmo	스톡홀름	seu-tok-ol-leum
Florença	플로렌스	peul-lo-ren-seu
Frankfurt	프랑크푸르트	peu-rang-keu-pu-reu-teu
Genebra	제네바	je-ne-ba
Haia	헤이그	he-i-geu
Hamburgo	함부르크	ham-bu-reu-keu
Hanói	하노이	ha-no-i
Havana	아바나	a-ba-na
Helsínquia	헬싱키	hel-sing-ki
Hiroshima	히로시마	hi-ro-si-ma
Hong Kong	홍콩	hong-kong
Istambul	이스탄불	i-seu-tan-bul
Jerusalém	예루살렘	ye-ru-sal-lem
Kiev	키예프	ki-ye-peu
Kuala Lumpur	콸라룸푸르	kwal-la-rum-pu-reu
Lisboa	리스본	ri-seu-bon
Londres	런던	reon-deon
Los Angeles	로스앤젤레스	ro-seu-aen-jel-le-seu
Lyon	리옹	ri-ong
Madrid	마드리드	ma-deu-ri-deu
Marselha	마르세유	ma-reu-se-yu
Miami	마이애미	ma-i-ae-mi
Montreal	몬트리올	mon-teu-ri-ol
Moscovo	모스크바	mo-seu-keu-ba
Munique	뮌헨	mwin-hen
Nairóbi	나이로비	na-i-ro-bi
Nápoles	나폴리	na-pol-li
Nisa	니스	ni-seu
Nova York	뉴욕	nyu-yok
Oslo	오슬로	o-seul-lo
Ottawa	오타와	o-ta-wa
Paris	파리	pa-ri
Pequim	베이징	be-i-jing
Praga	프라하	peu-ra-ha
Rio de Janeiro	리우데자네이루	ri-u-de-ja-ne-i-ru
Roma	로마	ro-ma
São Petersburgo	상트페테르부르크	sang-teu-pe-te-reu-bu-reu-keu
Seul	서울	seo-ul
Singapura	싱가포르	sing-ga-po-reu
Sydney	시드니	si-deu-ni
Taipé	타이베이	ta-i-be-i
Tóquio	도쿄	do-kyo

Toronto	토론토	to-ron-to
Varsóvia	바르샤바	ba-reu-sya-ba
Veneza	베니스	be-ni-seu
Viena	빈	bin
Washington	워싱턴	wo-sing-teon
Xangai	상하이	sang-ha-i

www.ingramcontent.com/pod-product-compliance
Lightning Source LLC
Chambersburg PA
CBHW070602050426
42450CB00011B/2954